Malvina aus der Bretagne

Jerome K. Jerome

Writat

Diese Ausgabe erschien im Jahr 2023

ISBN: 9789359255217

Herausgegeben von
Writat
E-Mail: info@writat.com

Inhalt

DAS VORWORT.

Der Doktor hat diese Geschichte nie geglaubt, behauptet aber, dass sie seine gesamte Lebenseinstellung weitgehend verändert hat.

„Natürlich bestreite ich nicht, was tatsächlich passiert ist – was sich vor meiner eigenen Nase abspielte", fuhr der Doktor fort. Und dann ist da noch der Fall von Frau Marigold. Das war bedauerlich, das gebe ich zu, und ist es immer noch, ganz besonders für Marigold. Aber für sich genommen beweist es nichts. Diese flauschigen, kichernden Frauen – oft ist es nur eine Hülle, die sie mit ihrer ersten Jugend abwerfen – man weiß nie, was darunter ist. Was die anderen betrifft, die Das Ganze beruht auf einer einfachen wissenschaftlichen Grundlage. Die Idee lag „in der Luft", wie wir sagen – ein flüchtiger Geistesblitz. Und als es sich erledigt hatte, war Schluss damit. Was diesen ganzen Jack-und- die-Bohnenranken-Dummheit –"

Aus dem dunkler werdenden Hochland drang der Klang einer verlorenen Seele. Es stieg und fiel und verstummte.

„Steine blasen", erklärte der Doktor und hielt inne, um seine Pfeife wieder aufzufüllen. „Man findet sie in diesen Gegenden. Während der Eiszeit ausgehöhlt. Immer kurz vor der Dämmerung hört man es. Luftstoß, verursacht durch plötzliches Absinken der Temperatur. So entstehen all diese Ideen . "

Nachdem der Doktor seine Pfeife angezündet hatte, setzte er seinen Schritt fort.

„Ich behaupte nicht", fuhr der Doktor fort, „dass es ohne ihr Kommen passiert wäre. Zweifellos war sie es, die für die notwendigen psychischen Voraussetzungen sorgte. Da war das an ihr – eine Art Atmosphäre. Dieses urige, archaische Französisch von ihr." – König Arthur und der runde Tisch und Merlin; es schien alles nachzubilden. Ein listiges Luder, das ist die einzige Erklärung. Aber während sie dich ansah, aus ihrer seltsamen Distanziertheit heraus –"

Der Doktor ließ den Satz unvollendet.

„Was den alten Littlecherry angeht ", begann der Doktor wieder ganz plötzlich, „das ist seine Spezialität – Folklore, Okkultismus, all das Blödsinn. Wenn man mit der Original-Dornröschen auf dem Arm an seine Tür klopfte , würde er nur mit Kissen um sie herumspielen." und hoffe, dass sie eine gute Nacht hatte. Ich habe einmal einen Samen gefunden, ihn aus einem alten Fossil herausgeschlagen und ihn in einem Topf in seinem Arbeitszimmer wachsen lassen. Über das heruntergekommenste Unkraut, das du je gesehen hast. Er hat darüber gesprochen, als ob er es getan hätte Er hat das Elixier des Lebens wiederentdeckt. Auch wenn er nichts in so vielen Worten gesagt hat, so war es doch die Art und Weise, wie er vorging. Das allein reichte aus, um die ganze Sache in Gang zu bringen, ganz zu schweigen von diesem verrückten alten Iren seine Haushälterin, deren Kopf vollgestopft ist mit Elfen und Banshees und Gott weiß was."

Wieder verstummte der Doktor. Eines nach dem anderen lugten die Lichter des Dorfes aus der Tiefe hervor. Eine lange, niedrige Lichtlinie, die wie ein leuchtender Drache über den Horizont kroch, zeigte die Spur des Great Western Express, der sich heimlich in Richtung Swindon bewegte.

„Es war völlig ungewöhnlich", fuhr der Doktor fort, „ganz ungewöhnlich, die ganze Sache. Aber wenn Sie die Erklärung des alten Littlecherry akzeptieren wollen –"

Der Doktor stieß mit dem Fuß gegen einen langen grauen Stein, der halb im Gras verborgen war, und rettete sich nur knapp vor dem Sturz.

„Überreste eines alten Cromlech", erklärte der Doktor. „Wenn wir hier irgendwo graben würden, würden wir ein verdorrtes Knochenbündel finden, das über dem Staub eines prähistorischen Lunchkorbs kauert. Interessante Gegend !"

Der Abstieg war holprig. Der Doktor sprach erst wieder, als wir den Rand des Dorfes erreicht hatten.

„Ich frage mich, was aus ihnen geworden ist?" überlegte der Doktor. „Ein Rum-Go, das Ganze. Ich wäre der Sache gerne auf den Grund gegangen."

Wir hatten das Tor des Doktors erreicht. Der Doktor öffnete die Tür und ging hinein. Er schien mich vergessen zu haben.

„Ein freches kleines Luder", hörte ich ihn vor sich hin murmeln, während er an der Tür herumfummelte. „Und das hat es zweifellos gut gemeint. Aber was diese Lügengeschichte betrifft –"

Ich habe es aus den völlig unterschiedlichen Versionen zusammengesetzt, die mir der Professor und der Doktor geliefert hatten, wobei ich, was spätere Vorfälle betrifft, auf das im Dorf übliche Wissen zurückgreifen konnte.

I. DIE GESCHICHTE.

Es begann, so schätze ich, um das Jahr 2000 v. Chr., oder genauer gesagt – denn Zahlen sind nicht die Stärke der alten Chronisten –, als König

Heremon über Irland herrschte und Harbundia Königin der Weißen Damen der Bretagne war Fee Malvina ist ihre Lieblingsbegleiterin . In dieser Geschichte geht es hauptsächlich um Malvina. Zu ihrem Verdienst werden verschiedene recht erfreuliche Ereignisse aufgezeichnet. Die White Ladies gehörten zu den „guten Leuten" und wurden im Großen und Ganzen ihrem Ruf gerecht. Aber in Malvina scheint neben vielem Lobenswerten auch ein höchst verwerflicher Geist des Unfugs geherrscht zu haben, der sich in Streichen zeigte, die entschuldbar oder jedenfalls verständlich, etwa in Form eines Elfen oder eines Schweins , zuschlagen eine, die einer prinzipientreuen Weißen Dame, die sich als Freundin und Wohltäterin der Menschheit ausgibt, überhaupt nicht würdig ist. Weil sie sich einfach geweigert hat, mit ihr zu tanzen – um Mitternacht am Ufer eines Bergsees; Weder die Zeit noch der Ort waren geeignet, sich an einen älteren Herrn zu wenden, der möglicherweise an Rheuma litt – einmal verwandelte sie einen überaus respektablen Besitzer von Zinnminen in eine Nachtigall, was eine Änderung ihrer Gewohnheiten erforderlich machte, die für einen Geschäftsmann äußerst irritierend gewesen sein muss . Bei einer anderen Gelegenheit schien eine ziemlich wichtige Königin, die das Pech hatte, mit Malvina über einen absurden Punkt der Etikette im Zusammenhang mit einer Eidechse zu streiten, beim Aufwachen am nächsten Morgen festgestellt zu haben, dass sie sich in das verwandelt hatte, was man als etwas Unbestimmtes bezeichnen würde Die Beschreibung der alten Chronisten soll eine Art Gemüsemark gewesen sein.

Solche Veränderungen müssen, so der Professor, der bereit ist zu behaupten, dass Beweise historischer Natur ausreichen, um zu beweisen, dass die Weißen Damen einst eine tatsächliche lebendige Gemeinschaft bildeten, in einem allegorischen Sinne verstanden werden. So wie moderne Wahnsinnige sich für Porzellanvasen oder Kopfpapageien halten und als solche denken und verhalten, so muss es für Wesen mit überlegener Intelligenz einfach gewesen sein, so argumentiert der Professor, einen hypnotischen Einfluss auf die abergläubischen Wilden auszuüben, von denen sie handelten umzingelt waren und die, intellektuell betrachtet, kaum mehr als Kinder hätten sein können.

„Nimm Nebukadnezar." Ich zitiere immer noch den Professor. „Heutzutage sollten wir ihn in eine Zwangsweste stecken . Hätte er in Nordeuropa statt in Südasien gelebt, hätte uns die Legende erzählt, wie ein Kobold oder Stromkarl ihn in eine zusammengesetzte Mischung aus einer Schlange, einer Katze und einem Känguru verwandelt hätte." " Wie dem auch sei, diese Leidenschaft für Veränderung – bei anderen Menschen – scheint in Malvina so weit gewachsen zu sein, dass sie zu einem öffentlichen Ärgernis geworden sein muss, was sie schließlich in Schwierigkeiten brachte.

Der Vorfall ist einzigartig in den Annalen der White Ladies, und die Chronisten beschäftigen sich mit offensichtlicher Genugtuung damit. Es kam durch die Verlobung von König Heremons einzigem Sohn, Prinz Gerbot , mit der Prinzessin Berchta der Normandie zustande. Malvina scheint nichts gesagt zu haben, sondern abgewartet zu haben. Man muss bedenken, dass die Weißen Damen der Bretagne keine reinen Feen waren. Unter bestimmten Bedingungen waren sie in der Lage, Frauen zu werden, und diese Tatsache muss, so nimmt man an, einen beunruhigenden Einfluss auf ihre Beziehungen zu geeigneten männlichen Sterblichen ausgeübt haben. Prinz Gerbot war möglicherweise nicht ganz unschuldig. Junge Männer waren in jenen leider unaufgeklärten Tagen im Umgang mit Damen, egal ob weiß oder nicht, vielleicht nicht immer die Seele der Diskretion und des Anstands. Man möchte das Beste von ihr denken.

Aber selbst das Beste ist nicht zu rechtfertigen. An dem für die Hochzeit angesetzten Tag scheint sie sich selbst übertroffen zu haben. In welche besondere Gestalt verwandelte sie den elenden Prinz Gerbot ? oder in welche Form sie ihn überzeugt hat, dass er verändert worden sei, scheint es, soweit es die moralische Verantwortung von Malvina betrifft, wirklich unerheblich zu sein; In der Chronik heißt es nicht: Offensichtlich etwas, das zu unfein ist, als dass ein Chronist mit Selbstachtung es auch nur andeuten könnte. Da die Zimperlichkeit, wie andere Passagen im Buch zeigen, nicht das literarische Versagen des Autors gewesen zu sein scheint, kann der sensible Leser für die Unterlassung nur dankbar sein. Es wäre insgesamt zu erschütternd gewesen.

Aus Malvinas Sicht hatte es natürlich die gewünschte Wirkung. Die Prinzessin Berchta schien einen Blick darauf geworfen zu haben und dann ohnmächtig in die Arme ihrer Diener gefallen zu sein. Die Hochzeit wurde auf unbestimmte Zeit verschoben, und Malvina lachte, wie man leider vermutet. Ihr Triumph war nur von kurzer Dauer.

Unglücklicherweise war König Heremon immer ein Förderer der Künste und Wissenschaften seiner Zeit gewesen. Zu seinen Freunden zählten Zauberer, Genien, die Neun Korriganer oder Feen der Bretagne – alle möglichen Parteien, die in der Lage waren, Einfluss auszuüben, und die, wie sich herausstellte, nur allzu bereitwillig waren. Botschafter warteten auf Königin Harbundia ; und Harbundia hatte keine andere Wahl , selbst wenn sie, wie bei vielen früheren Gelegenheiten, ihrem Liebling zur Seite stehen wollte . Die Fee Malvina wurde aufgefordert, Prinz Gerbot seinen eigenen Körper und alles, was darin enthalten war, zurückzugeben .

Sie lehnte rundweg ab. Eine eigenwillige, eigensinnige Fee, die unter einem geschwollenen Kopf leidet. Und dann war da noch diese persönliche Note. Nur, dass er die Prinzessin Berchta heiraten sollte ! Sie würde König

Heremon und Anniamus in seinem albernen alten Zauberergewand sehen ,
und die Feen der Bretagne und alle anderen –! Eine wirklich nette Weiße
Dame hätte den Satz vielleicht nicht zu Ende bringen wollen, nicht einmal
für sich selbst. Man stellt sich das Aufblitzen des Feenauges, den Stempel des
Feenfußes vor. Was konnten sie ihr antun, mit all ihrem Zungenschnalzen
und Kopfschütteln? Sie, eine unsterbliche Fee! Sie würde Prinz Gerbot zu
einem Zeitpunkt ihrer Wahl zurückverwandeln. Lass sie sich um ihre eigenen
Tricks kümmern und überlasse es ihr, sich um ihre eigenen zu kümmern.
Man stellt sich lange Spaziergänge und Gespräche zwischen der zerstreuten
Harbundia und ihrem widerspenstigen Liebling vor – Appelle an die
Vernunft, an das Gefühl: „Um meinetwillen." „Verstehst du das nicht?"
„Schließlich, Liebes, und selbst wenn er es täte."

Es scheint damit zu enden, dass Harbundia jegliche Geduld verloren
hat. Sie konnte etwas tun, von dem Malvina offenbar nichts gewusst oder
nicht erwartet hatte. Für die Nacht des Mittsommermondes wurde ein
feierliches Treffen der Weißen Damen einberufen. Der Treffpunkt wird von
den antiken Chronisten mit mehr als üblicher Genauigkeit beschrieben. Es
war auf dem Land, das der Zauberer Kalyb vor langer Zeit über der gesamten
Bretagne errichtet hatte, um das Grab von König Taramis zu errichten . Im
Norden lag das „Meer der Sieben Inseln". Man vermutet, dass es sich um
den Bergrücken handelt, der von den Arree Mountains gebildet wird. „Die
Dame des Brunnens" scheint anwesend gewesen zu sein, was auf das
tiefgrüne Becken schließen lässt, aus dem der Fluss D'Argent entspringt.
Grob gesagt würde man es auf halbem Weg zwischen den modernen Städten
Morlaix und Callac einordnen . Fußgänger sprechen auch heute noch von
der stillen Einsamkeit dieses Hochplateaus, baumlos, hauslos, ohne
Anzeichen menschlicher Hand außer diesem hohen, hoch aufragenden
Monolithen, um den der schrille Wind unaufhörlich heult. Dort,
möglicherweise auf einem zerbrochenen Fragment dieser großen grauen
Steine, saß Königin Harbundia zu Gericht. Und das Urteil lautete – und
dagegen gab es keine Berufung –, dass die Fee Malvina aus der Gemeinschaft
der Weißen Damen der Bretagne ausgeschlossen werden sollte. Sie sollte
allein und unversöhnlich über die Erde wandern. Aus dem Appellbuch der
Weißen Damen wurde der Name Malvina feierlich für immer gestrichen.

Der Schlag muss Malvina ebenso schwer wie unerwartet getroffen
haben. Ohne ein Wort, ohne einen einzigen Blick zurück, scheint sie
gegangen zu sein. Man stellt sich das weiße, erstarrte Gesicht vor, die weit
geöffneten, nicht sehenden Augen, die zitternden, unsicheren Schritte, die
tastenden Hände, die totenstille Stille, die sich wie Grabgewänder um sie legt.

Von dieser Nacht an verschwindet die Fee Malvina aus dem Buch der
Chronisten der Weißen Damen der Bretagne, aus der Legende und aus der

Folklore überhaupt. Sie taucht erst im Jahr 1914 n. Chr. wieder in der Geschichte auf.

II. Wie es dazu kam.

Es war an einem Abend gegen Ende Juni 1914, als Flugkommandant Raffleton , der vorübergehend dem französischen Geschwader zugeteilt war und damals in Brest stationiert war , per Funk die Anweisung erhielt, sofort zum Hauptquartier des britischen Flugdienstes in Farnborough in Hampshire zurückzukehren. Die Nacht würde dank eines herrlichen Vollmondes alles Licht spenden, das er brauchte, und der junge Raffleton beschloss, sofort aufzubrechen. Er scheint gegen neun Uhr das Fluggelände direkt vor dem Arsenal in Brest verlassen zu haben. Etwas hinter Huelgoat bekam er Probleme mit dem Vergaser . Seine Idee bestand zunächst darin, nach Lannion vorzudringen , wo er sich fachkundige Hilfe sichern könnte; Aber die Lage wurde immer schlimmer, und als er unter sich ein bequemes Stück ebenen Bodens bemerkte, beschloss er, hinabzusteigen und sich selbst darum zu kümmern. Er stieg ohne Schwierigkeiten aus und machte sich an die Untersuchung. Die Arbeit dauerte ohne Hilfe länger als erwartet. Es war eine warme, kühle Nacht, kaum ein Hauch von Wind, und als er fertig war, fühlte er sich heiß und müde. Er hatte seinen Helm aufgesetzt und wollte gerade auf seinen Sitz steigen, als ihm die Schönheit der Nacht nahelegte, dass es angenehm wäre, vor dem Weiterfahren die Beine auszustrecken und sich ein wenig abzukühlen. Er zündete sich eine Zigarre an und sah sich um.

Das Plateau, auf dem er gelandet war, war eine Hochebene, die hoch über dem umliegenden Land ragte. Es erstreckte sich um ihn herum, baumlos, hauslos. Nichts durchbrach die Linien des Horizonts außer einer Gruppe hagerer grauer Steine, die Überreste, wie er sich sagte, eines alten Menhirs, der in den einsamen Wüstengebieten der Bretagne häufig vorkommt. Im Allgemeinen liegen die Steine umgeworfen und verstreut, aber dieses besondere Exemplar war durch einen seltsamen Zufall über alle Jahrhunderte hinweg unberührt geblieben. Leicht interessiert schlenderte Flugkommandant Raffleton gemächlich darauf zu. Der Mond stand im Zenit. Wie still die Nacht gewesen sein musste, wurde ihm durch die Tatsache bewusst, dass er deutlich die Schläge einer Kirchenuhr hörte und zählte, die mindestens sechs Meilen entfernt gewesen sein musste. Er erinnert sich, dass er auf seine Uhr geschaut und festgestellt hat, dass es einen leichten Unterschied zwischen seiner eigenen und der Kirchenzeit gab. Er schaffte es acht Minuten nach zwölf. Mit dem Verklingen der letzten Vibrationen der fernen Glocke schien die Stille und die Einsamkeit des Ortes zurückzukehren und sich mit zunehmender Beharrlichkeit darauf niederzulassen. Während er arbeitete, hatte es ihn nicht beunruhigt, aber neben den schwarzen Schatten, die die grauen Steine warfen, wirkte es fast wie eine Präsenz. Mit einem Gefühl der Erleichterung dachte er darüber nach, zu seiner Maschine zurückzukehren und den Motor zu starten. Es würde surren und summen und ihm ein angenehmes Gefühl von Leben und Geborgenheit zurückgeben. Er ging nur einmal um die Steine herum und verschwand dann wieder. Es war wunderbar, wie sie der alten Zeit getrotzt hatten. So wie sie wahrscheinlich vor zehntausend Jahren dort aufgestellt worden waren, so standen sie immer noch, der Altar dieses riesigen, leeren Tempels mit Himmelsdach. Und während er sie ansah, die Zigarre zwischen den Lippen, mit einem seltsamen, vergessenen Impuls kämpfend, der an seinen Knien zerrte, kam aus dem Herzen der großen grauen Steine das gemessene Heben und Senken eines sanften, gleichmäßigen Atems.

Der junge Raffleton gesteht offen, dass sein erster Impuls darin bestand, wegzurennen. Nur die Ausbildung seines Soldaten sorgte dafür, dass er im Heidekraut fest stand. Natürlich war die Erklärung einfach. Irgendein Tier hatte den Ort zu seinem Nest gemacht. Aber welches Tier schlief dann so tief und fest, dass es von menschlichen Schritten nicht gestört wurde? Wäre es verwundet und daher nicht in der Lage zu entkommen, würde es nicht mit dieser ruhigen, sanften Regelmäßigkeit atmen, die einen so seltsamen Kontrast zur Stille und Stille ringsum bildet. Möglicherweise ein Eulennest. Junge Eulen machen solche Geräusche – die „Schnarcher", wie die Landbewohner sie nennen. Der junge Raffleton warf seine Zigarre weg und ging auf die Knie, um im Schatten herumzutasten, und dabei berührte er etwas Warmes, Weiches und Nachgiebiges.

Aber es war keine Eule. Er muss sie ganz leicht berührt haben, denn selbst dann wachte sie nicht auf. Sie lag da, den Kopf auf dem Arm. Und jetzt , da er ihr nahe war und sich seine Augen an die Schatten gewöhnten, sah er sie ganz deutlich, das Wunder der geöffneten Lippen, den Glanz der weißen Gliedmaßen unter ihrer dünnen Hülle.

Natürlich hätte er sanft aufstehen und weggehen sollen. Dann hätte er husten können. Und wenn das sie nicht geweckt hätte, hätte er sie vielleicht leicht berührt, sagen wir, an der Schulter, und ihr zuerst leise, dann etwas lauter „Mademoiselle" oder „Mon enfant" gerufen. Besser noch, er hätte sich vielleicht auf Zehenspitzen davongeschlichen und sie dort schlafen lassen.

Diese Idee scheint ihm nicht gekommen zu sein. Man entschuldigt sich für ihn, dass er erst dreiundzwanzig war und dass sie ihm im purpurnen Mondlicht das schönste Geschöpf vorkam, das seine Augen je gesehen hatten. Und dann war da noch das brütende Geheimnis des Ganzen, diese Atmosphäre ferner Urzeiten, aus der die Wurzeln des Lebens noch immer ihren Lebenssaft schöpfen. Man geht davon aus, dass er vergessen hat, dass er Flight Commander Raffleton , Offizier und Gentleman, war; Ich habe die richtige Etikette vergessen, die für den Fall von Damen gilt, die ohne Aufsicht in einsamen Mooren schlafend aufgefunden werden. Noch größer ist die Möglichkeit, dass er nie an irgendetwas gedacht hat, sondern nur, angetrieben von einer Macht, die über ihn hinausgeht, sich zu ihr hinabbeugt und sie küsst.

Kein platonischer Kuss auf die Stirn, kein brüderlicher Kuss auf die Wange, sondern ein voller Kuss auf die geöffneten Lippen, ein Kuss der Anbetung und des Staunens, wie der, mit dem Adam aller Wahrscheinlichkeit nach Eva erweckte.

Sie öffnete die Augen und sah ihn ein wenig schläfrig an. Sie konnte keinen Zweifel darüber haben, was passiert war. Seine Lippen drückten immer noch ihre. Aber sie schien nicht im Geringsten überrascht und schon gar nicht wütend zu sein. Sie richtete sich in eine Sitzhaltung auf, lächelte und streckte ihm die Hand entgegen, damit er ihr beim Aufstehen helfen könne. Und allein in diesem riesigen Tempel mit Sternendach und Mondlicht, neben diesem düsteren grauen Altar vergessener Riten, standen sie Hand in Hand und sahen einander an.

„Ich bitte um Verzeihung", sagte Commander Raffleton . „Ich fürchte, ich habe dich gestört."

Später erinnerte er sich daran, dass er in seiner Verwirrung auf Englisch mit ihr gesprochen hatte. Aber sie antwortete ihm auf Französisch, einem urigen, altmodischen Französisch, wie man es selten außer auf den Seiten alter Messbücher findet. Es hätte ihm einige Schwierigkeiten bereitet, es wörtlich zu übersetzen, aber die Bedeutung war an unsere moderne Sprache angepasst:

„Erwähne es nicht. Ich bin so froh, dass du gekommen bist."

Er nahm an, dass sie ihn erwartet hatte. Er war sich nicht ganz sicher, ob er sich nicht dafür entschuldigen sollte , dass er offenbar etwas zu spät gekommen war. Allerdings hatte er keine Erinnerung an eine solche Ernennung. Aber in diesem besonderen Moment kann man sagen, dass Commander Raffleton sich von nichts anderem als sich selbst und dem wundersamen anderen neben ihm bewusst war. Irgendwo draußen war Mondlicht und eine Welt; aber das alles schien unwichtig. Sie war es, die das Schweigen brach.

"Wie bist du hier her gekommen?" Sie fragte.

Er wollte nicht rätselhaft sein. Es ging ihm vor allem darum, sie immer noch anzusehen.

„Ich bin hierher geflogen", antwortete er. Dabei öffnete sie die Augen noch weiter, aber aus Interesse, nicht aus Zweifel.

„Wo sind deine Flügel?" Sie fragte. Sie lehnte sich zur Seite und versuchte, einen Blick auf seinen Rücken zu werfen.

Er lachte. Diese Neugier auf seinen Rücken ließ sie menschlicher wirken.

„Da drüben", antwortete er. Sie schaute hin und sah zum ersten Mal die großen schimmernden Segel, die im Mondlicht wie Silber glänzten.

Sie ging darauf zu, und er folgte ihr und bemerkte ohne Überraschung, dass das Heidekraut keine Anstalten machte, dem Druck ihrer weißen Füße nachzugeben.

Sie blieb ein wenig davon entfernt stehen, und er kam und stellte sich neben sie. Sogar für Commander Raffleton selbst schien es, als ob die großen Flügel bebten, wie die ausgestreckten Schwingen eines Vogels, der sich vor dem Flug putzt.

„Ist es lebendig?" Sie fragte.

„Nicht, bis ich ihm etwas zuflüstere", antwortete er. Er verlor ein wenig von seiner Angst vor ihr. Sie drehte sich zu ihm um.

"Sollen wir gehen?" Sie fragte.

Er starrte sie an. Sie meinte es ziemlich ernst, das war offensichtlich. Sie sollte ihre Hand in seine legen und mit ihm gehen. Es war alles geklärt. Deshalb war er gekommen. Für sie war es egal, wo . Das war seine Angelegenheit. Aber wohin er ging, sollte sie gehen. Das war ganz klar das Programm in ihrem Kopf.

Man muss es zugeben, dass er sich Mühe gegeben hat. Gegen alle Kräfte der Natur, gegen seine dreiundzwanzig Jahre und das rote Blut, das in seinen Adern pulsiert, gegen die Dämpfe des Mittsommermondlichts, die ihn umgeben, und die Stimmen der Sterne, gegen die Dämonen der Poesie, der Romantik und der Mysterien, die ihre Hexen singen « Musik in seinen Ohren, gegen das Staunen und die Herrlichkeit, die sie ausstrahlte, als sie neben ihm stand, gekleidet in das Purpur der Nacht, kämpfte Flugkommandant Raffleton den guten Kampf für den gesunden Menschenverstand.

Junge Menschen, die spärlich bekleidet im Heidekraut schlafen, fünf Meilen von der nächsten menschlichen Behausung entfernt, sollten von wohlerzogenen jungen Offizieren des Luftdienstes Seiner Majestät gemieden werden. Dass sie unheimlich schön und verführerisch sind, sollte als zusätzliche Warnung dienen. Das Mädchen hatte einen Streit mit ihrer Mutter gehabt und wollte fliehen. Hauptverantwortlich dafür war dieses höllische Mondlicht. Kein Wunder, dass Hunde es anbellten. Er glaubte fast, er könnte jetzt einen hören. Nette, respektable, gesunde Dinge, Hunde. Kein verdammtes Gefühl über sie. Was wäre, wenn er sie geküsst hätte! Man ist nicht lebenslang an jede Frau gebunden, die man küsst. Es war nicht das erste Mal, dass sie geküsst wurde, es sei denn, alle jungen Männer in der Bretagne waren blind oder weißblütig. Das alles täuschte Unschuld und Einfachheit vor! Es wurde einfach angelegt. Wenn nicht, muss sie eine Verrückte sein. Das Richtige war, sich mit einem Lachen und einem Scherz zu verabschieden, seine Maschine anzustellen und nach England zu fahren – das gute alte praktische, fröhliche England, wo er frühstücken und ein Bad nehmen konnte.

Es war kein fairer Kampf; man spürt es. Der arme kleine, primitiv gesunde Menschenverstand mit ihrer trotzigen, nach oben gerichteten Nase, ihrem schrillen Kichern und ihrer angeborenen Vulgarität. Und gegen sie die Stille der Nacht und die Musik der Zeitalter und der Schlag seines Herzens.

So fiel ihm alles zu Füßen, ein wenig zerkrümelter Staub, den ein vorbeiziehender Windhauch zu zerstreuen schien, und ließ ihn hilflos zurück, gebannt von der Magie ihrer Augen.

"Wer bist du?" er fragte sie.

„Malvina", antwortete sie ihm. „Ich bin eine Fee."

III. Wie Cousin Christopher damit in Berührung kam.

Ihm kam gerade der Gedanke, dass er diesen Abstieg vielleicht nicht ganz so erfolgreich geschafft hatte, wie er gedacht hatte; dass er vielleicht auf den Kopf gefallen war; dass er infolgedessen mit den Erfahrungen von Flugkommandant Raffleton Schluss gemacht hatte und nun im Begriff war, eine neue und weniger eingeschränkte Existenz zu beginnen. Wenn ja, schien der Anfang eines abenteuerlustigen jungen Geistes vielversprechend. Es war Malvinas Stimme, die ihn aus diesem Gedankengang zurückrief.

"Sollen wir gehen?" wiederholte sie, und dieses Mal deutete der Unterton in ihrer Stimme eher auf einen Befehl als auf eine Frage hin.

Warum nicht? Was auch immer mit ihm passiert war, auf welcher Existenzebene er sich auch befand, die Maschine war ihm offenbar gefolgt. Mechanisch startete er es. Das vertraute Surren des Motors erinnerte ihn an die Möglichkeit, dass er in der üblichen Vorstellung dieses Begriffs noch lebte. Es zeigte ihm auch, dass es praktisch ratsam war, darauf zu bestehen, dass Malvina seinen Ersatzmantel anzog. Da Malvina 1,70 m groß war und der Mantel für einen 1,80 m großen Mann gebaut war, wäre die Wirkung unter normalen Umständen komisch gewesen. Was Commander Raffleton schließlich davon überzeugte , dass Malvina wirklich eine Fee war, war die

Tatsache, dass sie in diesem Mantel und mit dem Kragen, der etwa fünfzehn Zentimeter über ihrem Kopf stand, mehr wie eine Fee aussah als je zuvor.

Keiner von ihnen sprach . Irgendwie schien es nicht nötig zu sein. Er half ihr, auf ihren Sitz zu klettern und stopfte ihr den Mantel um die Füße. Sie antwortete mit demselben Lächeln, mit dem sie ihm zuerst die Hand ausgestreckt hatte. Es war nur ein Lächeln unendlicher Zufriedenheit, als ob all ihre Probleme nun vorbei wären. Commander Raffleton hoffte aufrichtig, dass dies der Fall sei. Ein kurzer Geistesblitz deutete ihm an, dass er gerade erst am Anfang stand.

Es muss das Unterbewusstsein von Commander Raffleton gewesen sein, das die Kontrolle über die Maschine übernommen hat. Er scheint, indem er sich ein paar Meilen landeinwärts hielt, der Küstenlinie bis etwas südlich des Haager Leuchtturms gefolgt zu sein. Er erinnert sich, dass er damals hinabgestiegen sei, um seinen Tank aufzufüllen. Da er nicht mit einem Passagier gerechnet hatte, hatte er vor dem Start noch einen Rest Benzinvorrat getankt, ein glücklicher Vorfall. Malvina schien daran interessiert gewesen zu sein, etwas zu beobachten, das sie wahrscheinlich als eine neuartige Drachenrasse ansah, die sich aus Dosen ernährte, die sie unter ihren Füßen hervorgeholt hatte, aber sie akzeptierte dies zusammen mit allen anderen Einzelheiten des Fluges wie im natürlichen Lauf der Dinge . Das Monster erfrischte sich, zerrte, verschmähte den Boden und erhob sich brüllend wieder; und das kriechende Meer stürzte herab.

Man hat die Vorstellung, dass auf Flugkommandant Raffleton , wie auf den Rest von uns, das Hässliche und Alltägliche wartet, um sein Herz auf die Probe zu stellen. Ein großer Teil der Jahre wird für ihn ein Geschäft voller gemeiner Hoffnungen und Ängste, schmutziger Kämpfe, unbedeutender Sorgen und vulgärer Verärgerung sein. Aber man ist auch davon überzeugt, dass die Erinnerung an jene Nacht, in der er göttergleich auf den Winden des Himmels ritt, gekrönt von der Herrlichkeit der Sehnsucht der Welt, immer bei ihm bleiben wird, um das Leben wunderbar zu machen. Ab und zu drehte er den Kopf, um sie anzusehen, und doch antworteten ihm ihre Augen wie immer mit dieser seltsamen, tiefen Zufriedenheit, die sie beide wie mit einem Gewand der Unsterblichkeit zu umhüllen schien. Man kann aus dem Ausdruck, der unbewusst in seine Augen trat, wenn er von dieser verzauberten Reise sprach, und aus der plötzlichen Stummheit, mit der die alltäglichen Worte auf seinen Lippen verklangen, undeutlich etwas von dem erahnen, was er fühlte. Nun, für ihn wäre es alles gewesen, was von einem vielversprechenden jungen Flieger zu erzählen war, der in einer Sommernacht im Juni nachgedacht hatte, dass sein geringeres Ich das Steuerrad fest im Griff hatte, oder vielleicht ein paar gebrochene Holme, die er auf die Wellen warf er konnte die Sterne erreichen.

Auf halber Strecke erhob sich die Morgendämmerung flammend über den Needles, und später erstreckte sich von Osten nach Westen eine lange, niedrige Linie nebelverhangenen Landes. Eine Landzunge und eine Klippe nach der anderen erhoben sich goldglänzend aus dem Meer, und die Weißflügelmöwen flogen ihnen entgegen. Fast erwartete er, dass sie sich in Geister verwandeln und Malvina mit Willkommensrufen umkreisen würden.

immer näher , während der Nebel nach und nach aufstieg und das Mondlicht schwächer wurde. Und plötzlich zeichnete sich vor ihnen die weitläufige Chesil Bank ab, hinter der Weymouth Schutz suchte.

Vielleicht waren es die Bademaschinen, der Gasometer hinter dem Bahnhof oder die Fahne über dem Royal Hotel. Die Vorhänge der Nacht fielen plötzlich von ihm weg. Die Alltagswelt klopfte an die Tür.

Er schaute auf seine Uhr. Es war kurz nach vier. Er hatte ihnen im Lager telegraphiert, dass sie ihn am Morgen erwarten würden. Sie würden nach ihm Ausschau halten. Indem er seinen Kurs fortsetzte, konnten er und Malvina zur Frühstückszeit da sein. Er könnte sie dem Colonel vorstellen: „Erlauben Sie mir, Colonel Goodyer, die Fee Malvina." Entweder das, oder Malvina irgendwo zwischen Weymouth und Farnborough abzusetzen. Er kam ohne langes Nachdenken zu dem Schluss, dass dieser letztere Weg vorzuziehen wäre. Aber wo? Was sollte er mit ihr machen? Da war Tante Emily. Hatte sie nicht gesagt, dass sie sich für Georgina eine französische Gouvernante wünschte? Zwar war Malvinas Französisch etwas altmodisch, aber ihr Akzent war charmant. Und was das Gehalt angeht – da kam mir der Gedanke an Onkel Felix und die drei älteren Jungen in den Sinn. Instinktiv hatte er das Gefühl, dass Malvina nicht Tante Emilys Idee sein würde. Wäre der liebe alte Herr noch am Leben gewesen, wäre sein Vater ein sicherer Zufluchtsort gewesen. Sie hatten sich immer verstanden, er und sein Vater. Aber seine Mutter! Er war sich überhaupt nicht sicher. Er stellte sich die Szene vor : den Salon in Chester Terrace. Der sanfte, raschelnde Auftritt seiner Mutter. Ihre liebevolle, aber wohlerzogene Begrüßung. Und dann das beunruhigende Schweigen, mit dem sie auf seine Erklärung von Malvina wartete. Die Tatsache, dass sie eine Fee war, würde er wahrscheinlich nicht erwähnen. Angesichts des goldgeränderten Kneifers seiner Mutter konnte er sich nicht vorstellen, auf diesem Detail zu bestehen: „Eine junge Dame, die ich zufällig schlafend auf einem Moor in der Bretagne fand. Und als ich sah, dass es eine schöne Nacht war und gerade noch Platz darin war." die Maschine. Und sie – ich meine ich – nun, hier sind wir." Es folgte so ein schmerzliches Schweigen und dann das Hochziehen der zart hochgezogenen Augenbrauen: „Du meinst, mein lieber Junge, dass du dies zugelassen hast" – hier gab es ein leichtes Zögern – „diese junge Person, ihr Zuhause zu verlassen, ihr Volk, ihre Freunde und Verwandten in der Bretagne, um sich Ihnen anzuschließen. Darf ich fragen, in welcher Funktion?"

Denn genau so würde es aussehen, nicht nur für seine Mutter. Nehmen wir an, dass es durch ein Wunder wirklich die Tatsachen widerspiegelt. Angenommen, trotz der überwältigenden Beweise für sie – der Nacht und des Mondes und der Sterne und des Gefühls, das ihn seit dem Moment überkam, als er sie geküsst hatte –, nehmen wir an, dass es sich trotz alledem änderte heraus, dass sie keine Fee war. Angenommen, die Andeutung des vulgären gesunden Menschenverstandes, dass sie nur ein kleines Luder sei, das von zu Hause weggelaufen sei, hätte wirklich ins Schwarze getroffen. Angenommen, die Anfragen gingen bereits zu Fuß. Ein Hundert-PS-Flugzeug bleibt nicht unbemerkt. Gab es nicht ein Gesetz zu so etwas – etwas über „Ablenkung" und „junge Mädchen"? Er hatte sie nicht „getäuscht". Wenn überhaupt, dann war es umgekehrt. Aber wäre ihre Zustimmung eine gültige Verteidigung? Wie alt war sie? Das wäre die Frage. In Wirklichkeit schätzte er etwa tausend Jahre. Möglicherweise mehr. Leider sah sie nicht so aus. Ein kalt misstrauischer Richter würde wahrscheinlich sechzehn für eine viel bessere Schätzung halten. Es war durchaus möglich, dass er wegen dieser Angelegenheit in große Schwierigkeiten geraten würde. Er warf einen Blick hinter sich. Malvina antwortete mit ihrem unveränderlichen Lächeln unbeschreiblicher Zufriedenheit. Zum ersten Mal verursachte es bei ihm ein deutliches Gefühl der Verärgerung.

Zu diesem Zeitpunkt hatten sie Weymouth fast erreicht. Er konnte deutlich die Werbeplakate vor dem Kino gegenüber der Esplanade lesen: „Wilkins und die Meerjungfrau. Komisches Drama." Es gab ein Bild der Dame, die sich die Haare kämmte; auch von Wilkins, einem stämmigen Herrn im gestreiften Badeanzug.

Dieser wahnsinnige Drang, der ihn mit dem ersten Hauch der Morgendämmerung befallen hatte, die schwindende Welt aus seinen Fesseln zu reißen, hinauf zu den Sternen zu stürzen, um nie wieder zurückzukehren – er wünschte im Himmel, er hätte ihm nachgegeben.

Und dann kam ihm plötzlich der Gedanke an Cousin Christopher in den Sinn.

Lieber alter Cousin Christopher, achtundfünfzig und Junggeselle. Warum war es ihm nicht schon früher in den Sinn gekommen? Aus dem Himmel erschien Commander Raffleton die Vision von „Cousin Christopher" als rundlicher, rotbrauner Engel mit Panamahut und einem Tweedanzug in Pfeffer- und Salztönen, der einen Rettungsring hielt. Cousin Christopher würde Malvina wie eine mütterliche Henne für ein verwaistes

Entlein lieben. Eine Fee wurde schlafend neben einem der alten Menhire der Bretagne entdeckt. Seine einzige Angst wäre, dass du sie dir vielleicht wegnehmen willst, bevor er einen Aufsatz über sie geschrieben hat. Er würde von Oxford in seinem Cottage zurückkommen. Commander Raffleton konnte sich im Moment nicht an den Namen des Dorfes erinnern. Es würde zu ihm kommen. Es lag nordwestlich von Newbury. Sie überquerten die Salisbury Plain und gingen direkt zum Magdalen Tower. Die Downs reichten fast bis zum Obstgartentor. Es gab eine ebene Rasenfläche von fast einer halben Meile Länge. Commander Raffleton hatte den Eindruck, dass Cousin Christopher von der Vorsehung für diese besondere Aufgabe geschaffen und sorgfältig bewahrt worden war.

Er war nicht mehr der mondsüchtige Jugendliche der vergangenen Nacht, dem seine Fantasie und seine Vorstellungskraft beliebige Streiche spielen konnten. Den Teil von ihm hatte die scharfe, frische Morgenluft in seine Zelle zurückgetrieben. Er war Commander Raffleton, ein eifriger und aufmerksamer junger Ingenieur mit all seinem Verstand. An dieser Stelle muss man sich daran erinnern. Als er an einem einsamen Küstenabschnitt hinabstieg, störte er Malvina erneut, um Dosen herauszuholen. Er ging davon aus, dass sich seine Passagierin am helllichten Tag als hübsches, kindlich aussehendes Mädchen erweisen würde, etwas zerzaust, mit vielleicht einem Blaustich um die Nase, das natürliche Ergebnis eines dreistündigen Fluges mit fünfzig Meilen pro Stunde. Es war eine verblüffende Rückkehr zu seinen ursprünglichen Empfindungen, als sie zum ersten Mal unter seinem Kuss zum Leben erwachte, als er ein paar Meter entfernt stehen blieb und sie anstarrte. Die Nacht war vorbei und die Stille. Sie stand da, dem Sonnenlicht zugewandt, gekleidet in einen Burberry-Mantel, der ihr ein halbes Dutzend Nummern zu groß war. Hinter ihr stand eine Reihe von Bademaschinen und dahinter wiederum ein Gasometer. Eine halbe Meile entfernt rangierte ein Güterzug lärmend Lastwagen.

Und doch umgab sie immer noch der Zauber; etwas Unbeschreibliches, aber durchaus Greifbares – etwas, aus dem sie einen wie aus einer anderen Welt ansah.

Er ergriff ihre ausgestreckte Hand und sie sprang leichtfüßig heraus. Sie war nicht im Geringsten zerzaust. Es schien, als sei die Luft ihr eigentliches Element. Sie sah sich interessiert, aber nicht neugierig um. Ihr erster Gedanke galt der Maschine.

"Armes Ding!" Sie sagte. „Er muss müde sein.“

Das schwache Zittern der Angst, das ihn überkommen hatte, als er im Schatten des Menhirs beobachtet hatte, wie sich ihre Augen öffneten, kehrte zu ihm zurück. Es war kein unangenehmes Gefühl. Vielmehr verlieh es ihrer Beziehung eine pikante Note. Aber es war eindeutig real. Sie beobachtete die

Fütterung des Monsters; und dann kam er wieder und stand neben ihr auf dem gelben Sand.

"England!" erklärte er mit einer Handbewegung. Man kann sich vorstellen, dass sie den Eindruck hatte, dass es ihm gehörte. Freundlicherweise wiederholte sie den Namen. Und irgendwie beschwor Commander Raffleton , als es über ihre Lippen kam, ein Land voller Wunder und Romantik herauf .

„Ich habe davon gehört", fügte sie hinzu. „Ich glaube, es wird mir gefallen."

Er antwortete, dass er es hoffe. Er meinte es absolut ernst. Er besaß im Allgemeinen Sinn für Humor ; aber im Moment muss ihn das im Stich gelassen haben. Er sagte ihr, er würde sie in die Obhut eines weisen und gelehrten Mannes namens „Cousin Christopher" geben; Seine Beschreibung lässt Malvina zweifellos auf einen freundlichen Zauberer schließen. Er selbst würde für eine Weile weggehen müssen, würde aber zurückkehren.

Diese kleinen Details schienen Malvina egal zu sein. Es war offensichtlich – die Idee in ihrem Kopf –, dass er zu ihr ernannt worden war. Ob als Herr oder als Diener, war weniger leicht zu vermuten: wahrscheinlich eine Mischung aus beidem, wobei Letzteres bevorzugt wurde.

Er erwähnte noch einmal, dass er nicht länger weg sein würde, als er helfen könne. Es bestand keine Notwendigkeit für diese Wiederholung. Sie zweifelte nicht daran.

Weymouth mit seinen Bademaschinen und seinem Gasometer verschwand. König Rufus war auf der Jagd, als sie den New Forest überquerten, und als sie von der Salisbury Plain herabblickten, winkten die Elfen mit den Händen und lachten. Später hörten sie das Klirren des Amboss, das ihnen verriet, dass sie sich in der Nähe von Wayland Smiths Höhle befanden; und so wurde es sanft und ohne Glas gleich hinter dem Obstgartentor von Cousin Christopher niedergepflanzt.

Irgendwo in den Downs pfiff ein Hirtenjunge, und im Tal hatte gerade ein Pflüger sein Gespann angeschnallt; aber das Dorf war ihnen durch die sanften Hügel verborgen, und kein anderes Wesen war in Sicht. Er half Malvina heraus, ließ sie auf einem umgestürzten Ast unter einem Walnussbaum sitzen und ging vorsichtig auf das Haus zu. Er fand ein kleines Mädchen im Garten. Sie war aus dem Haus gerannt, als sie das Geräusch seines Propellers hörte, und starrte in den Himmel, so dass sie ihn erst sah, als er seine Hand auf ihre Schulter legte, und war dann glücklicherweise zu verängstigt, um zu schreien. Er gab ihr hastig Anweisungen. Sie sollte an die Tür des Professors klopfen und ihm sagen, dass sein Cousin, Commander Raffleton , da sei und er sofort allein in den Obstgarten kommen würde.

Commander Raffleton möchte lieber nicht hereinkommen. Würde der Professor sofort herunterkommen und mit Commander Raffleton im Obstgarten sprechen?

Sie ging zurück ins Haus und wiederholte alles vor sich hin, ein wenig verängstigt.

"Guter Gott!" sagte Cousin Christopher unter der Bettwäsche hervor. „Er ist nicht verletzt, oder?"

dachte durch den Türrahmen nicht. Jedenfalls sah er nicht danach aus. Aber würde der Professor freundlicherweise sofort kommen? Commander Raffleton wartete auf ihn – im Obstgarten.

Also trottete Cousin Christopher, in Hausschuhen, ohne Socken, mit einem senffarbenen Morgenmantel und einer schwarzen Mütze auf dem Kopf – das Bild eines freundlichen Zauberers – hastig die Treppe hinunter und durch den Garten und redete mit sich selbst über „töricht". Jungs" und „wissend, dass es passieren würde"; und war sehr erleichtert, als er den jungen Arthur Raffleton traf, der auf ihn zukam , offenbar gesund und munter. Und dann begann er sich zu fragen, warum zum Teufel er um sechs Uhr morgens aus dem Bett gescheucht worden war, wenn doch gar nichts los war.

Aber etwas war eindeutig da. Bevor Arthur Raffleton sprach , blickte er sich sorgfältig um, auf eine Weise, die an ein Geheimnis, wenn nicht an ein Verbrechen erinnerte; und immer noch ohne ein Wort ging er, indem er Cousin Christopher am Arm nahm, zum anderen Ende des Obstgartens. Und dort, auf einem umgestürzten Ast unter dem Walnussbaum, sah Cousin Christopher offenbar einen khakifarbenen Mantel, in dem sich nichts befand, der jedoch aufragte, als sie sich ihm näherten.

Aber es stieg nicht sehr hoch. Die Rückseite des Mantels war ihnen zugewandt. Sein Kragen hob sich deutlich von der Himmelslinie ab. Aber da war kein Kopf. Als es aufrecht stand, drehte es sich um, und als Cousin Christopher aus seinen Falten hervorlugte, sah er das Gesicht eines Kindes. Und als ich genauer hinsah, erkannte ich, dass es kein Kind war. Und dann war ich mir nicht ganz sicher, was es war; Als Cousin Christopher plötzlich davor stehen blieb, starrte er es mit großen Augen an und dann Flugkommandant Raffleton .

Raffleton wandte sich an Malvina .

„Das", sagte er, „ist Professor Littlecherry , mein Cousin Christopher, von dem ich Ihnen erzählt habe."

Es war offensichtlich, dass Malvina den Professor als eine wichtige Person ansah. Offensichtlich hatte sie die Absicht, einen Knicks zu machen, ein Vorgang, der sich, wenn er durch die vielen Meter eng anliegenden Khakis erschwert wird, – so wurde es dem Professor klar – nicht nur als schwierig, sondern auch als gefährlich erweisen könnte.

„Erlauben Sie mir", sagte der Professor.

Seine Idee war es, Malvina aus Commander Raffletons Mantel zu helfen, und Malvina bereitete sich darauf vor, ihm zu helfen. Commander Raffleton kam gerade noch rechtzeitig.

„Ich glaube nicht", sagte Commander Raffleton . „Wenn es Ihnen nichts ausmacht, überlassen wir das meiner Meinung nach besser Mrs. Muldoon."

Der Professor ließ den Mantel los. Malvina wirkte ein wenig enttäuscht. Man meint, dass sie nicht ohne Grund gedacht hätte, ohne sie einen besseren Eindruck zu machen. Aber die lächelnde Zustimmung zu allen für ihr Wohlergehen getroffenen Vorkehrungen schien einer ihrer Reize gewesen zu sein.

„Vielleicht", schlug Commander Raffleton Malvina vor, während er ein paar der wichtigeren Knöpfe wieder zudrückte, „wenn es Ihnen nichts ausmachen würde, meinem Cousin Christopher genau zu erklären, wer und was Sie sind – dann würden Sie es viel besser machen als ich." sollen." (Was Commander Raffleton sich sagte, war: „Wenn ich es dem lieben alten Johnny erzähle, wird er denken, dass ich ihn auf die Schippe nehme . Es wird ganz anders klingen, wenn sie es ausdrücken wird.") „Du bist dir sicher macht es dir nichts aus?"

Malvina hatte nicht den geringsten Einwand. Sie vollführte ihren Knicks – oder besser gesagt, es sah so aus, als würde der Mantel einen Knicks machen – ganz anmutig und mit einer Würde, die man von ihm nicht erwartet hätte.

„Ich bin die Fee Malvina", erklärte sie dem Professor. „Sie haben vielleicht von mir gehört. Ich war der Favorit von Harbundia , der Königin der weißen Damen der Bretagne. Aber das ist lange her."

Der freundliche Zauberer starrte sie mit zwei runden Augen an, die trotz ihres Erstaunens freundlich und verständnisvoll aussahen. Sie ermutigten Malvina wahrscheinlich, das Geständnis ihrer traurigen kurzen Geschichte zu vervollständigen.

„Es war, als König Heremon über Irland herrschte", fuhr sie fort. „Ich habe eine sehr dumme und böse Tat begangen und wurde dafür bestraft, indem ich aus der Gesellschaft meiner Kameraden ausgeschlossen wurde. Seitdem " – der Mantel machte die geringste erbärmliche Geste – „bin ich allein umhergewandert."

Es hätte für sie beide so lächerlich klingen sollen; erzählt auf englischem Boden im Jahr 1914 einem klugen jungen Ingenieuroffizier und einem älteren Oxford-Professor. Auf der anderen Straßenseite öffnete der seltsame Mann des Arztes Garagentore; ein lauter Milchwagen klapperte mit etwas Verspätung für den Londoner Zug durch das Dorf; Ein schwacher Geruch von Eiern und Speck wehte durch den Garten, vermischt mit dem Duft von Lavendel und Nelken. Für Commander Raffleton gab es vielleicht eine Entschuldigung. Die bisherige Geschichte hat versucht, dies deutlich zu machen. Aber der Professor! Er hätte in homerisches Gelächter ausbrechen oder den Kopf schütteln und sie warnen sollen, wohin kleine Mädchen gehen, die so etwas tun.

Stattdessen starrte er von Commander Raffleton zu Malvina und von Malvina zurück zu Commander Raffleton mit Augen, die so erstaunlich rund waren, dass sie mit einem Kompass gezeichnet worden wären.

„Gott segne meine Seele!" sagte der Professor. „Aber das ist höchst außergewöhnlich!"

„Gab es einen König Heremon von Irland?" fragte Commander Raffleton . Der Professor war in diesen Angelegenheiten eine bekannte Autorität.

„ Natürlich gab es einen König Heremon von Irland", antwortete der Professor ziemlich gereizt – als ob der Kommandant wissen wollte, ob es jemals einen Julius Cäsar oder einen Napoleon gegeben hatte. „Und so gab es eine Königin Harbundia . Malvina wird immer im Zusammenhang mit ihr erwähnt."

"Was hat Sie getan?" fragte Commander Raffleton . Sie schienen beide Malvinas Anwesenheit nicht zu bemerken.

„Das vergesse ich im Moment", gestand der Professor. „Ich muss es nachschlagen. Etwas, wenn ich mich recht erinnere, im Zusammenhang mit der Tochter von König Dancrat . Er gründete die normannische Dynastie. Wilhelm der Eroberer und all das. Guter Gott!"

„Würden Sie etwas dagegen haben, dass sie eine Zeit lang bei Ihnen bleibt, bis ich Vorkehrungen treffen kann?", schlug Commander Raffleton vor . „Ich wäre Ihnen sehr dankbar, wenn Sie es tun würden."

Es ist unmöglich zu sagen, wie die Antwort des Professors ausgefallen wäre, wenn es ihm gestattet worden wäre, seinen Verstand zu entfalten. Natürlich war er interessiert – aufgeregt, wenn man so will. Folklore, Legende, Tradition; Dies waren seine lebenslangen Hobbys gewesen. Abgesehen von allem anderen gab es hier zumindest einen Seelenverwandten. Scheint ein oder zwei Dinge zu wissen. Wo hatte sie es gelernt? Könnte es nicht sein, dass dem Professor unbekannte Quellen vorliegen?

Aber um sie aufzunehmen! Um sie im einzigen Gästezimmer unterzubringen. Um sie vorzustellen – als was? zur englischen Dorfgesellschaft. An die neuen Leute im Manor House. An den Parlamentsabgeordneten mit seiner unschuldigen jungen Frau, die den Sommer über das Pfarrhaus übernommen hatte. An Dawson, RA und die Calthorpes !

Hätte er es für lohnenswert gehalten, hätte er vielleicht eine angesehene französische Familie gefunden und sie untergebracht. Es gab einen Mann, den er seit Jahren in Oxford kannte, einen Tischler; die Frau eine höchst würdige Frau. Er hätte von Zeit zu Zeit mit seinem Notizbuch in der Tasche dorthin gehen und sie interviewen können.

Hätte er sich selbst überlassen, hätte er sich wie ein vernünftiger und rationaler Bürger verhalten können; oder vielleicht auch nicht. Es gibt Aufzeichnungen , die die letztere Möglichkeit begünstigen . Die Sache ist nicht sicher. Aber was diesen besonderen Vorfall in seiner Karriere betrifft, muss er entlastet werden. Die Entscheidung wurde ihm abgenommen.

Raffleton hatte Malvina bei ihrer ersten Landung in England seine Absicht erklärt, sie vorübergehend der Obhut des weisen und gelehrten Christopher zu überlassen. Für Malvina, die den Kommandanten als ein Geschenk der Götter betrachtete, war die Sache erledigt. Der weise und gebildete Christoph wusste natürlich, dass dies kommen würde. Aller Wahrscheinlichkeit nach war er es – unter der Führung der Götter –, der den gesamten Ablauf der Ereignisse arrangiert hatte. Es blieb ihr nur noch, ihm ihre Dankbarkeit zu zeigen. Sie wartete nicht auf die Antwort des Professors. Der Mantel behinderte sie ein wenig, fügte aber andererseits vielleicht eine eigene, reizvolle Note hinzu. Sie nahm die Hand des weisen und gelehrten Christoph mit ihren beiden, kniete nieder und küsste sie.

Und in ihrem urigen, archaischen Französisch konnte die Professorin durch das lange Studium der Chroniken von Froissart verstehen:

„Ich danke Ihnen“, sagte sie, „für Ihre edle Höflichkeit und Gastfreundschaft.“

Auf mysteriöse Weise hatte die ganze Angelegenheit plötzlich die Würde eines historischen Ereignisses erhalten. Der Professor hatte plötzlich den Eindruck – und tatsächlich ließ ihn dieser Eindruck nie ganz los, solange Malvina blieb –, dass er eine große und mächtige Persönlichkeit sei. Ein Schwesterpotentat; übrigens – obwohl solche Punkte in der hohen Politik natürlich unerheblich sind – das verwirrendste Wesen, das er je gesehen hatte; hatte sich gnädigerweise bereit erklärt, sein Gast zu sein. Der Professor drückte mit einer Verbeugung, die man am Hofe von König Rene hätte erwerben können, sein Gefühl für die ihm erwiesene Ehre aus. Was könnte ein Potentat mit Selbstachtung sonst noch tun? Der Vorfall wurde abgeschlossen.

Flugkommandant Raffleton scheint nichts unternommen zu haben, um es wieder zu öffnen. Im Gegenteil scheint er genau diesen Moment genutzt zu haben, um dem Professor zu erklären, wie absolut notwendig es sei, dass er ohne weiteren Zeitverlust nach Farnborough aufbreche. Commander Raffleton fügte hinzu, dass er am ersten Nachmittag, an dem er entkommen könne, „sie beide noch einmal aufsuchen" werde; und war sich sicher, dass der Professor ihr Französisch bald leicht verstehen würde, wenn er Malvina dazu bringen würde, langsam zu sprechen.

Es kam dem Professor tatsächlich in den Sinn, Commander Raffleton zu fragen , wo er Malvina gefunden hatte – das heißt, wenn er sich erinnern konnte. Auch was er mit ihr tun würde – falls er es zufällig wüsste. Kommandant Raffleton bedauerte sein großes Bedürfnis nach Eile und erklärte, dass er Malvina unweit von Huelgoat in der Bretagne schlafend neben einem Menhir gefunden hatte und befürchtete, er hätte sie aufgeweckt. Würde sich der Professor freundlicherweise an Malvina wenden, um weitere Einzelheiten zu erfahren? Er selbst war sich sicher, dass er dem Professor niemals ausreichend danken würde.

Abschließend und ohne weitere Gelegenheit zur Diskussion zu geben, scheint der Kommandant seinem Cousin Christopher mit großer Begeisterung die Hand geschüttelt zu haben; und sich dann an Malvina gewandt zu haben. Sie rührte sich nicht, aber ihr Blick war auf ihn gerichtet. Und er kam langsam zu ihr. Und ohne ein Wort küsste er sie voll auf die Lippen.

„Das ist das zweite Mal, dass du mich geküsst hast", sagte Malvina – und ein seltsames kleines Lächeln spielte um ihren Mund. „Beim dritten Mal werde ich eine Frau."

IV. WIE ES VON FRAU GEHALTEN WURDE. ARLINGTON.

Was den Professor selbst überraschte, als er darüber nachdachte, war, dass er, mit Malvina allein gelassen, trotz aller Umstände weder Verlegenheit noch Ratlosigkeit verspürte. Für die beiden war es, als wäre die ganze Sache ganz einfach – fast humorvoll. Es wären die anderen Leute, die sich Sorgen machen müssten.

Das kleine Dienstmädchen trieb sich im Garten herum. Sie war offensichtlich neugierig und versuchte, einen Blick zu erhaschen. Aus der Küche hörte man Mrs. Muldoons Stimme, die sie rief. Es gab diese Frage der Kleidung.

„Du hast nichts mitgebracht?" fragte der Professor. „Ich meine, in der Art eines Kleides jeglicher Art."

Malvina machte mit einem Lächeln eine kleine Geste. Es bedeutete, dass alles, was von ihr und den ihren war, vor ihm stand.

„Wir müssen etwas für Sie finden", sagte der Professor. „Etwas, mit dem du umgehen kannst –"

Der Professor hatte vorgehabt, „unsere Welt" zu sagen, zögerte aber, da er sich in dem Moment, zu dem er selbst gehörte, nicht positiv fühlte; Malvinas oder Mrs. Muldoons. Also machte er es stattdessen zur „Welt". Eine weitere Geste zeigte ihm, dass Malvina ganz in seinen Händen war.

„Was hast du wirklich vor?" fragte der Professor. „Ich meine darunter. Ist das überhaupt möglich – für ein oder zwei Tage?"

Nun hatte Commander Raffleton aus irgendeinem Grund, der Malvina überhaupt nicht klar war, das Ausziehen des Mantels verboten. Hatte aber nichts davon gesagt, es rückgängig zu machen. Als Antwort machte Malvina es rückgängig.

Daraufhin handelte der Professor zu Malvinas Überraschung genau so, wie Commander Raffleton es getan hatte. Das heißt, er schloss den Mantel hastig wieder und steckte die Knöpfe wieder in die Knopflöcher.

Raffletons Mantel nie wieder loszuwerden .

„Ich frage mich", sinnierte der Professor, „ob irgendjemand im Dorf –" Die kleine Magd, die zwischen den Stachelbeersträuchern umherflatterte – sie tat so, als würde sie Stachelbeeren pflücken – erregte den Blick des Professors.

„Wir werden meine Chatelaine, Mrs. Muldoon, konsultieren", schlug der Professor vor. „Ich denke, wir werden es schaffen."

Der Professor reichte Malvina seinen Arm. Mit der anderen Hand raffte sie die Rocksäume des Kommandanten zusammen.

„Ich denke", sagte der Professor plötzlich inspiriert, als sie durch den Garten gingen, „ich denke, ich werde Mrs. Muldoon erklären, dass Sie gerade direkt von einem Kostümball kommen."

Sie fanden Mrs. Muldoon in der Küche. Eine weniger überzeugende Geschichte als die, mit der der Professor Frau Muldoon das Wie und Warum von Malvina erklären wollte, wäre unvorstellbar. Mrs. Muldoon scheint ihn aus reiner Freundlichkeit unterbrochen zu haben.

„Ich werde dir keine Fragen stellen", sagte Mrs. Muldoon, „also besteht für dich kein Grund, deine unsterbliche Seele zu gefährden. Wenn du nur an dein eigenes Aussehen denkst und die Colleen überlässt Ich und Drusilla, wir machen sie vielleicht ein bisschen anständig .

Der Hinweis auf sein eigenes Aussehen beunruhigte den Professor. Als er eilig seinen Morgenmantel und seine Hausschuhe anzog und sich nicht um seine Socken kümmerte, hatte er nicht damit gerechnet, dass er auf dem Weg war, die oberste Hofdame von Königin Harbundia zu treffen . Er verlangte, dass ihm sofort Rasierwasser heraufgeschickt werde, und schien sich ins Badezimmer zurückgezogen zu haben.

Während er sich rasierte, klopfte Mrs. Muldoon an die Tür und verlangte, mit ihm zu sprechen. Aus ihrem Ton kam die Professorin zu dem Schluss, dass das Haus brannte. Er öffnete die Tür, und Mrs. Muldoon, die sah, dass er respektabel war, schlüpfte hinein und schloss die Tür hinter sich.

„Wo hast du sie gefunden? Wie ist sie hierher gekommen?" forderte Frau Muldoon. Nie zuvor hatte der Professor Mrs. Muldoon anders gesehen als einen ruhigen, gut gelaunten Körper. Sie zitterte von Kopf bis Fuß.

„Ich habe es Ihnen gesagt ", erklärte der Professor. „Der junge Arthur —"

„Ich frage Sie nicht, was Sie mir gesagt haben ", unterbrach Mrs. Muldoon. „Ich bitte dich um die Wahrheit, wenn du sie weißt."

Der Professor stellte Mrs. Muldoon einen Stuhl hin und Mrs. Muldoon ließ sich darauf fallen.

"Was ist los?" fragte den Professor. "Was ist passiert?"

Mrs. Muldoon blickte sich um, und ihre Stimme war ein hysterisches Flüstern.

„Sie haben keine sterbliche Frau ins Haus gebracht", sagte Mrs. Muldoon. „Es ist eine Fee."

Ob der Professor bis zu diesem Moment wirklich an Malvinas Geschichte geglaubt hatte oder ob in seinem Hinterkopf schon immer die angeborene Überzeugung geherrscht hatte, dass die Sache absurd sei, kann der Professor selbst jetzt nicht sagen. Vor dem Professor lag Oxford — politische Ökonomie, die höhere Kritik, der Aufstieg und Fortschritt des Rationalismus. Hinter ihm, am trüben Horizont der Menschheit verschwindend, lag ein unbekanntes Land, in dem er vierzig Jahre lang gerne gewandert war; ein von Geistern heimgesuchtes Land voller verborgener

Geheimnisse und verlorener Pfade, die zu verborgenen Toren des Wissens führen.

Und nun stürzte Mrs. Muldoon rundlich auf die zitternde Waage.

"Woher weißt du das?" forderte der Professor.

„Shure, kenne ich das Mal nicht?" antwortete Frau Muldoon fast verächtlich. „Wurde das Kind meiner eigenen Schwester nicht gleich am Tag seiner Geburt gestohlen und an seiner Stelle ..."

Das kleine Dienstmädchen klopfte an die Tür.

Mademoiselle war „fertig". Was sollte mit ihr geschehen?

„Fragen Sie mich nicht", protestierte Mrs. Muldoon, immer noch in einem verängstigten Flüstern. „Ich könnte es nicht tun. Nicht, wenn alle Heiligen auf die Knie fallen und zu mir beten würden."

Der gesunde Menschenverstand hätte sich bei Mrs. Muldoon nicht durchgesetzt. Der Professor spürte das; Hinzu kam, dass er nichts zur Hand hatte. Durch die Tür wies er „Mademoiselle" an, ins Esszimmer geführt zu werden, und lauschte, bis Drusillas Schritte verklungen waren.

„Haben Sie jemals von den White Ladies gehört?" flüsterte der Professor Mrs. Muldoon zu.

Man geht davon aus, dass es in der Feenlinie nicht viel gab, von dem Mrs. Muldoon nicht gehört und geglaubt hätte. War sich der Professor sicher?

Der Professor gab Frau Muldoon sein Ehrenwort als Gentleman. Die „White Ladies" gehörten, wie Mrs. Muldoon natürlich wusste, zu den „guten Leuten". Vorausgesetzt, dass niemand sie beleidigte, gab es nichts zu befürchten.

„Sicher, ich werde es nicht sein, der ihr Ärger machen wird", sagte Mrs. Muldoon.

„Sie wird nicht lange bleiben", fügte der Professor hinzu. „Wir werden einfach nett zu ihr sein."

„Sie hat ein freundliches Gesicht", gab Frau Muldoon zu, „und einen angenehmen Umgang mit ihr." Die Stimmung des guten Körpers stieg spürbar. Es könnte sich lohnen, die Gunst einer „Weißen Dame" zu pflegen.

„Wir müssen eine Freundin aus ihr machen", drängte der Professor und nutzte seine Gelegenheit.

„Und denken Sie daran", flüsterte der Professor, als er die Tür öffnete, damit Mrs. Muldoon herausschlüpfen konnte, „kein Wort. Sie möchte nicht, dass es bekannt wird."

Man ist davon überzeugt, dass Mrs. Muldoon das Badezimmer mit dem festen Entschluss verließ, soweit sie es verhindern konnte, kein Hauch von Verdacht ins Dorf dringen zu dürfen, dass Malvina anders war als das, was sie in Drusillas Urlaubskleid zu sein schien. Es war ein recht angenehmes kleines Kleidchen mit sommerlichem Charakter, mit kurzen Ärmeln und weitem Halsausschnitt, und es passte Malvina in jeder Hinsicht viel besser, als es die aufwändigste Konfektion getan hätte. Die Stiefel waren nicht so erfolgreich. Malvina löste das Problem, indem sie sie zusammen mit den Strümpfen zurückließ, wann immer sie ausging. Dass sie wusste, dass das falsch war, beweist die Tatsache, dass sie stets versuchte, sie zu verbergen. Man würde sie an den unwahrscheinlichsten Orten finden; versteckt hinter Büchern im Arbeitszimmer des Professors, zusammengepfercht in leeren Teekanistern in Mrs. Muldoons Lagerraum. Mrs. Muldoon ließ sich nicht einmal dazu überreden, sie zu verdrängen. Der Kanister mit seinem Inhalt wurde schweigend auf den Tisch des Professors gelegt. Malvina würde bei ihrer Rückkehr mit einem Paar strenger , unsympathischer Stiefel konfrontiert werden. Die Mundwinkel der Fee hingen herab , was auf Reue und Reue hindeutete.

Wäre der Professor standhaft gewesen, hätte sie nachgegeben. Aber der Professor konnte seinen Blick nicht von den schwarzen Stiefeln der Anklage abwenden, sondern von den weißen Füßen der Schuldigen abschweifen, und in seinem Herzen wurde er sofort zum „Anwalt der Verteidigung " . Wenn er das nächste Mal nach Oxford geht, muss er sich unbedingt ein Paar Sandalen besorgen. Auf jeden Fall etwas Zierlicheres als diese düsteren, kompromisslosen Stiefel.

Außerdem wagte sich Malvina nicht oft über den Obstgarten hinaus. Zumindest nicht tagsüber – vielleicht sollte man sagen, nicht während der Tageszeit, als das Dorf in Aufruhr war. Denn Malvina scheint eine Frühaufsteherin gewesen zu sein. Irgendwann etwa mitten in der Nacht, wie jede christliche Körperschaft es bestimmt hätte, hörte Mrs. Muldoon – die in dieser Zeit in einem Zustand höchster nervöser Anspannung aufwachte und schlief – das Geräusch einer leise geöffneten Tür; Wenn man aus einer erhöhten Ecke der Jalousie spähte, erhaschte man einen Blick auf flatternde Kleidungsstücke, die mit der Morgendämmerung zu verschmelzen schienen; hörte immer schwächer aus dem Hochland ein unbekanntes Lied kommen, das sich mit den antwortenden Stimmen der Vögel vermischte.

Im Hochland lernte Malvina zwischen Morgengrauen und Sonnenaufgang die Arlington-Zwillinge kennen.

Sie hätten natürlich im Bett liegen sollen – übrigens alle drei. Der Vorwand für die Zwillinge war ihr Onkel George. Er hatte ihnen alles über die Uffington erzählt Specter und Wayland Smiths Höhle und hatte ihnen „Puck" zum Geburtstag geschenkt. Ihre Geburtstagsgeschenke bekamen sie immer untereinander, weil sie sich sonst nicht um sie kümmerten. Um zehn Uhr hatten sie sich in ihre jeweiligen Schlafzimmer zurückgezogen und lagen abwechselnd wach. Beim ersten Morgengrauen weckte Victoria, die an ihrem Fenster zugesehen hatte, Victor wie vereinbart. Victor war dafür, es aufzugeben und wieder schlafen zu gehen, aber Victoria erinnerte ihn an den „Eid", sie kleideten sich ganz schlicht und ließen sich am Efeu nieder.

Sie stießen auf Malvina, dicht am Schweif des Weißen Pferdes. Sie wussten sofort, dass sie eine Fee war, als sie sie sahen. Aber sie hatten keine Angst – zumindest nicht sehr. Es war Victor, der zuerst sprach. Er nahm seinen Hut ab, kniete nieder, wünschte Malvina einen guten Morgen und hoffte, dass es ihr ganz gut ginge. Malvina, die erfreut zu sein schien, sie zu sehen, antwortete, und nun übernahm Victoria die Leitung der Angelegenheit. Die Arlington-Zwillinge hatten sich bis zu ihrem neunten Lebensjahr eine französische Krankenschwester geteilt; und dann hatte Victor, der zur Schule ging, es nach und nach vergessen; während Victoria, zu Hause geblieben, ihre Gespräche mit „Madame" fortgesetzt hatte.

"Oh!" sagte Victoria. „Dann müssen Sie eine französische Fee sein."

Nun hatte der Professor Malvina eingeschärft, dass sie aus Gründen, die keiner Erklärung bedurften – jedenfalls hatte er sie nie erklärt –, nicht erwähnen dürfe, dass sie eine Fee sei. Aber er hatte ihr nicht gesagt, sie solle es leugnen. Wie konnte sie tatsächlich ? Von ihr konnte höchstens erwartet werden, dass sie zu diesem Punkt Stillschweigen bewahrte. Als Antwort an Victoria erklärte sie, dass ihr Name Malvina sei und dass sie in Begleitung von „Sir Arthur" aus der Bretagne herübergeflogen sei, und fügte hinzu, dass sie oft von England gehört habe und es gerne sehen würde.

"Wie gefällt es Ihnen?" forderte Victoria.

Malvina gestand, dass sie davon entzückt war. Nirgendwo hatte sie jemals so viele Vögel getroffen. Malvina hob die Hand und alle drei standen schweigend da und lauschten. Der Himmel stand in Flammen und die Luft schien von ihrer Musik erfüllt zu sein. Die Zwillinge waren sich sicher, dass es Millionen von ihnen gab. Sie müssen kilometerweit angereist sein, um Malvina zu singen.

Auch die Menschen. Sie waren so gut und nett und rund. Malvina blieb vorerst bei dem weisen und gelehrten Christopher und nahm, wie sie es ausdrückte, den Schutz an. Von ihrem Standort aus konnte man die

„Behausung" sehen, ihre Schornsteine lugten zwischen den Bäumen hervor. Die Zwillinge tauschten einen vielsagenden Blick. Hätten sie den Professor nicht schon immer verdächtigt! Sein schwarzes Käppchen, seine große Hakennase und die gelbblättrigen, wurmstichigen Zauberbücher – alle Zweifel waren nun beseitigt –, dass er stundenlang hinter einer eulenhaften Goldbrille brütend sitzen würde!

Victors Französisch fiel ihm wieder ein. Er wollte unbedingt wissen, ob Malvina jemals Sir Launcelot getroffen hatte – „um mit ihm zu reden".

Eine kleine Wolke sammelte sich auf Malvinas Gesicht. Ja, sie kannte sie alle: König Uthur und Igraine und Sir Ulfias von den Inseln. Ich habe mit ihnen gesprochen und bin mit ihnen durch die schönen Länder Frankreichs gewandert. (Es hätte England sein sollen, aber Malvina schüttelte den Kopf. Vielleicht waren sie gereist.) Sie war es, die Sir Tristram vor den Machenschaften von Morgan le Fay gerettet hatte. „Obwohl das natürlich nie bekannt wurde", erklärte Malvina.

Die Zwillinge waren neugierig, warum es „natürlich" hätte heißen sollen, wollten sie aber nicht noch einmal unterbrechen. Es gab noch andere davor und danach. Von den meisten hatten die Zwillinge noch nie gehört, bis sie zu Karl dem Großen kamen, und Malvinas Erinnerungen schienen danach zu verblassen.

Sie waren alle sehr höflich zu ihr gewesen, und einige von ihnen waren sogar recht charmant. Aber...

Man nimmt an, dass sie noch nie in Malvina waren, mehr als bloße Bekannte, wie man sich die Zeit damit vertreibt, während man wartet – und sich sehnt.

„Aber Sie mochten Sir Launcelot", drängte Victor. Er wünschte sich, dass Malvina Sir Launcelot bewundern würde, da er spürte, wie viele Gemeinsamkeiten zwischen diesem frühen, beklagten Ritter und ihm bestanden. Diese kleine Affäre mit Sir Bedivere. Genau so hätte er sich verhalten.

Ah! Ja, gab Malvina zu. Sie hatte ihn „gemocht". Er war immer so – so „exzellent".

„Aber das war er nicht – keiner von ihnen war mein eigenes Volk, mein eigener lieber Gefährte." Die kleine Wolke hatte sich wieder beruhigt.

Es war Bruno, der die drei in die Zeit der Zeitgeschichte zurückversetzte.

Polley am Morgen bestand darin, Bruno zum Laufen freizulassen. Er kam keuchend und atemlos an und war offensichtlich beleidigt darüber, nicht in die Eskapade einbezogen worden zu sein. Er hätte sie beide ganz leicht verraten können, wenn er nicht der nachsichtigste aller Black-and-Tan-Collies gewesen wäre. So wie es war, hatte er sich schon seit einer halben Stunde Sorgen gemacht, dass er wahnsinnig geworden war, weil er sicher war, dass sie die Zeit vergessen hatten. „Weißt du nicht, dass es fast sechs Uhr ist? Dass Jane in weniger als einer halben Stunde mit Gläsern heißer Milch an deine Türen klopfen und sie wahrscheinlich fallen lassen und schreien wird, wenn sie deine Betten leer und das Fenster weit offen vorfindet offen." Das sollten seine ersten Worte sein, aber als er Malvina witterte, ließen sie ihn völlig los. Er warf ihr einen kurzen Blick zu und ließ sich flach auf den Boden fallen, wand sich auf sie zu, winselte und wedelte gleichzeitig mit dem Schwanz. Malvina quittierte seine Huldigung mit Lachen und tätschelte seinen Kopf mit dem Fuß, was ihn in den siebten Himmel der Freude schickte. Sie stiegen alle vier gemeinsam den Hügel hinunter und trennten sich am Tor des Obstgartens. Die Zwillinge brachten ihre höfliche, aber durchaus aufrichtige Hoffnung zum Ausdruck, dass sie das Vergnügen haben würden, Malvina wiederzusehen; doch Malvina, die vielleicht plötzlich Zweifel daran hatte, ob sie sich diskret verhalten hatte, schien ausweichend geantwortet zu haben. Zehn Minuten später lag sie schlafend, den goldenen Kopf auf dem runden weißen Arm gebettet; wie Mrs. Muldoon auf dem Weg in die Küche selbst sah. Und die Zwillinge, die das Glück hatten, eine offene Seitentür vorzufinden, schlüpften unbemerkt ins Haus und kletterten zurück in ihre Betten.

Es war Viertel nach neun, als Mrs. Arlington selbst hereinkam und sie weckte. Sie war beiden gegenüber aufbrausend und hatte offenbar geweint. Sie frühstückten in der Küche.

Während des Mittagessens wurde kaum ein Wort gesprochen. Und es gab keinen Pudding. Mr. Arlington, ein beleibter, florierender Herr, hatte keine Zeit für Pudding. Der Rest könnte sitzen und es in aller Ruhe genießen, aber nicht so Mr. Arlington. Jemand musste sich um die Dinge kümmern – das heißt, wenn sie nicht dem Verfall preisgegeben werden durften. Wenn man sich nicht darauf verlassen konnte, dass andere Menschen ihre Pflichten erfüllten, so dass alles innerhalb und außerhalb des Hauses auf ein Paar Schultern geworfen wurde, dann war es eine natürliche Konsequenz, dass dieses Paar Schultern nicht die nötige Zeit dafür aufbringen konnte seine Mahlzeiten richtig zu Ende bringen. Dies war die Ursache für den Verfall der englischen Landwirtschaft. Als die Bäuerinnen, ganz zu schweigen von den Söhnen und Töchtern, die alt genug waren, um sich für das ihnen aufgewendete Geld und die Fürsorge etwas zurückzugeben, allesamt ihre Schultern in die Hand genommen hatten, blühte die englische Landwirtschaft auf. Wenn sich andererseits andere Menschen vor ihrem gerechten Anteil an Arbeit und Verantwortung scheuten und es einem Paar Händen überließen ...

Es war die ziemlich verständliche Bemerkung des ältesten Mädchens aus Arlington, dass Papa während des Redens zwei Portionen Pudding hätte essen können, die dazu führte, dass Mr. Arlington den Faden seiner Rede verlor. Um es ganz klar auszudrücken, was Mr. Arlington sagen wollte, war Folgendes: Er hatte nie Bauer werden wollen – zumindest nicht am Anfang. Andere Männer in seiner Position hätten sich, nachdem sie durch jahrelange aufopferungsvolle Arbeit Kompetenz erworben hatten , in eine wohlverdiente Freizeit zurückgezogen. Nachdem er der Überzeugung nachgegeben und den Job angenommen hatte, würde er es durchziehen; und alle anderen würden ihren Teil dazu beitragen, sonst gäbe es Ärger.

Mr. Arlington, der die Reste seines Glases in einem Zug hinunterschluckte, verdarb den würdevollen Abgang durch einen heftigen Schluckauf, und Mrs. Arlington klingelte wütend, damit das Stubenmädchen wegräumen konnte. Der Pudding verschwand unberührt vor den Augen der Zwillinge. Es war ein schwarzer Johannisbeerpudding mit braunem Zucker.

In dieser Nacht scheint sich Mrs. Arlington den Zwillingen anvertraut zu haben, teils zu ihrer eigenen Erleichterung, teils zu ihrem moralischen Nutzen. Wenn Mrs. Arlington den Segen einer weniger nachsichtigen Mutter genossen hätte, wäre vielleicht alles gut gegangen. Mrs. Arlington war von Natur aus mit einem aktiven und energischen Temperament ausgestattet. „Fräulein kann keine Minute stillsitzen", hatte ihre Krankenschwester sie immer genannt. Leider wurde es nicht mehr genutzt; war nun aller Wahrscheinlichkeit nach keine Hoffnung mehr auf eine Genesung. Ihr Vater hatte völlig recht. Als sie in Bayswater gelebt hatten und das Geschäft in der Mincing Lane lag, spielte das keine Rolle. Jetzt war es anders. Eine Bäuerin sollte um sechs Uhr aufstehen; sie sollte dafür sorgen, dass alle anderen um sechs wach waren; Die Bediensteten kümmerten sich um sie und hielten sich an das Ziel; Kinder werden durch das Beispiel ihrer Mutter ermutigt. Organisation . Das war es, was gewollt war. Der Tag war vorgezeichnet; zu jeder Stunde seine bestimmte Aufgabe. Dann war der Morgen nicht vorbei, bevor Sie sich umdrehen konnten, und die Verwirrung wurde dadurch noch schlimmer, dass Sie aufhörten, was Sie gerade taten, und versuchten, sechs Dinge auf einmal zu tun, von denen Sie sich nicht erinnern konnten, ob Sie sie getan hatten oder ob Sie es getan hatten 'T...

Hier scheint Mrs. Arlington in Tränen ausgebrochen zu sein. Im Großen und Ganzen war sie eine ruhige, lächelnde und äußerst liebenswürdige Dame, die man sehr gern im Haus hatte, vorausgesetzt, man verlangte von ihr nur ein angenehmes Aussehen und ein sonniges Gemüt. Die Zwillinge scheinen ihre Tränen mit ihren Tränen verbunden zu haben.

Eingekuschelt und sich selbst überlassen, stellt man sich vor, dass das Problem mit großer Ernsthaftigkeit besprochen wird, viel geflüsterte Gespräche geführt werden, man dann weiterschläft und der Morgen Ideen mit sich bringt. Das Ergebnis war, dass Mrs. Muldoon am nächsten Abend, zwischen High Tea und Abendessen, als sie selbst auf das Klopfen an der Tür reagierte, Zwillingsgestalten Hand in Hand auf der Stufe des Professors stehen sah.

Sie fragten sie, ob „die Fee" da sei.

V. WIE ES FRAU ERZÄHLT WURDE. RINGELBLUME.

Die sprichwörtliche Feder war nicht nötig. Mrs. Muldoon griff nach der Sitzbank, verfehlte sie jedoch. Sie fing sich an einem Stuhl, aber dieser gab nach. Es war der Boden, der sie schließlich aufhielt.

„Es tut uns so leid", entschuldigte sich Victor. „Wir dachten, Sie wüssten es. Wir hätten Mademoiselle Malvina sagen sollen."

Mrs. Muldoon kam wieder auf die Beine und ging ohne zu antworten direkt ins Arbeitszimmer.

„Sie wollen wissen", sagte Mrs. Muldoon, „ob die Fee da ist." Der Professor las mit dem Rücken zum Fenster. Das Licht im Zimmer war etwas schwach.

"Wer will das wissen?" forderte der Professor.

„Die Zwillinge aus dem Manor House", erklärte Mrs. Muldoon.

„Aber was? – aber wer?" begann der Professor.

„Soll ich ‚nicht zu Hause' sagen?" schlug Frau Muldoon vor. „Oder solltest du sie dir nicht besser selbst ansehen."

„Führen Sie sie herein", wies der Professor an.

Sie kamen herein, sahen ein wenig verängstigt aus und hielten sich immer noch an der Hand. Sie wünschten dem Professor einen guten Abend, und als er aufstand, wichen sie von ihm zurück. Der Professor schüttelte ihnen die Hand, aber sie ließen nicht los, so dass Victoria ihm ihre rechte Hand und Victor seine linke reichte, und dann setzten sie sich auf die Einladung des Professors hin auf die äußerste Kante des Sofas.

„Ich hoffe, wir stören Sie nicht", sagte Victor. „Wir wollten Mademoiselle Malvina sehen."

„Warum wollen Sie Mademoiselle Malvina sehen?" fragte der Professor.

„Es ist etwas sehr Privates", sagte Victor.

Gefallen bitten ", sagte Victoria.

„Es tut mir leid", sagte der Professor, „aber sie ist nicht da. Zumindest glaube ich nicht." (Der Professor war sich nie ganz sicher. „Sie schlüpft rein und raus und macht nicht mehr Lärm als ein windgetriebenes Rosenblatt", war Mrs. Muldoons Erklärung.) „Wollen Sie es mir nicht besser sagen? Überlassen Sie es mir, es ihr zu sagen." ."

Sie sahen einander an. Es würde niemals genügen, den weisen und gelehrten Christoph zu beleidigen. Außerdem ist davon auszugehen, dass ein Zauberer mehr als nur eine Möglichkeit hat, herauszufinden, was die Leute denken.

„Es geht um Mama", erklärte Victoria. „Wir haben uns gefragt, ob Malvina etwas dagegen hätte, sie zu ändern."

Der Professor hatte Malvina gelesen. Ihm wurde klar, dass dies schon immer ihre Spezialität gewesen war : Menschen zu verändern. Wie hatten die Arlington-Zwillinge es entdeckt? Und warum wollten sie, dass ihre Mutter verändert wurde? Und in was wollten sie sie verwandeln? Es war schockierend, wenn man darüber nachdenkt! Der Professor wurde plötzlich so streng, dass die Zwillinge zu viel Angst gehabt hätten, um zu antworten, wenn sie seinen Gesichtsausdruck hätten sehen können – was ihnen wegen des schwindenden Lichts nicht möglich war.

„Warum willst du, dass deine Mutter verändert wird?" forderte der Professor. Schon als es so war, erschreckte seine Stimme sie.

„Es ist zu ihrem eigenen Besten", stockte Victoria.

„ Natürlich haben wir es auf nichts abgesehen", erklärte Victor.

„Nur sie drinnen", fügte Victoria hinzu.

„Wir dachten, dass Malvina sie vielleicht verbessern könnte", ergänzte Victor.

Es war immer noch sehr beschämend. Wozu kamen wir, als Kinder umhergingen und forderten , dass ihre Mütter „verbessert" würden! Die Atmosphäre war voller Empörung. Die Zwillinge spürten es.

„Das will sie", beharrte Victoria. „Sie möchte voller Energie sein und früh morgens aufstehen und Dinge erledigen."

„Sehen Sie", fügte Victor hinzu, „sie wurde nie richtig erzogen."

Der Professor behauptet energisch, seine einzige Absicht sei ein Scherz gewesen. Es war nicht einmal so, als ob irgendetwas Verwerfliches vorgeschlagen worden wäre. Der Professor selbst war gelegentlich zum Vertrauten beider gemacht worden.

„Die beste Frau, die je gelebt hat, wenn man ihr nur ein wenig Energie verleihen könnte. Kein Zeitgefühl. Zu locker. Keine Ahnung, wie man die Leute auf dem Laufenden hält." Also Mr. Arlington, bei den Nüssen und dem Wein.

„Es ist pure Faulheit. Oh ja, das ist es. Meine Freunde sagen, ich sei so ‚erholsam‘; aber das ist die richtige Erklärung dafür – angeborene Faulheit. Und trotzdem versuche ich es. Sie haben keine Ahnung, Professor Littlecherry, wie sehr ich versuchen." Also lachte Mrs. Arlington, während sie die Rosen des Professors bewunderte.

Außerdem, wie absurd zu glauben, dass Malvina möglicherweise irgendjemanden verändern könnte! Vor langer Zeit, als sich das menschliche Gehirn noch weiterentwickelte, waren solche Dinge möglicherweise möglich. Hypnotische Suggestion, hypnotischer Einfluss, ruhende Gehirnzellen, die durch magnetische Vibration zur Aktivität angeregt werden. All das war verloren gegangen. Dies waren die Tage von Georg dem Fünften, nicht von König Heremon . Worum es dem Professor eigentlich ging, war: Wie würde Malvina den Vorschlag aufnehmen? Natürlich würde sie versuchen, da rauszukommen. Eine liebe Kleinigkeit. Aber könnte irgendein vernünftiger Mann, Mathematikprofessor...

Malvina stand neben ihm. Niemand hatte ihren Auftritt bemerkt. Die Augen der Zwillinge waren auf den weisen und gelehrten Christopher gerichtet. Als der Professor nachdachte, sah er nie etwas. Dennoch war es ziemlich erschreckend.

„Wir sollten niemals ändern, was der gute Gott einst geschaffen hat", sagte Malvina. Sie sprach sehr ernst. Die Kindlichkeit schien von ihr abgefallen zu sein.

„Das haben Sie nicht immer gedacht", sagte der Professor. Es ärgerte den Professor, dass mit dem Klang von Malvinas Stimme jeder Gedanke, dass dies ein guter Witz sei, verschwunden war. Sie hatte so etwas bei sich.

Sie machte eine kleine Geste. Es zeigte dem Professor, dass seine Bemerkung nicht ganz geschmackvoll gewesen war.

„Ich spreche als jemand, der gelernt hat", sagte Malvina.

„Ich bitte um Verzeihung", sagte der Professor. „Das hätte ich nicht sagen sollen."

Malvina nahm die Entschuldigung des Professors mit einer Verbeugung entgegen.

„Aber das ist etwas ganz anderes“, fuhr der Professor fort. Ein ganz anderes Interesse hatte den Professor erfasst. Es war leicht, Dame Commonsense zu Hilfe zu rufen, wenn Malvina nicht anwesend war. Vor diesen seltsamen Augen hatte die gute Dame die Angewohnheit, sich davonzuschleichen. Angenommen – natürlich wäre die Idee lächerlich, aber nehmen wir an – etwas wäre tatsächlich passiert! Wie war ein psychologisches Experiment nicht gerechtfertigt? Was war der Anfang aller Wissenschaft außer angewandter Neugier? Malvina könnte vielleicht erklären können und wollen, wie es gemacht wurde. Das heißt, wenn etwas passieren würde, was natürlich nicht der Fall wäre, und umso besser. Diese Sache musste beendet werden.

„Es würde bedeuten, eine Gabe nicht für eigene Zwecke zu nutzen, sondern um anderen zu helfen“, forderte der Professor.

„Sehen Sie“, drängte Victor, „Mama möchte wirklich verändert werden.“

„Und Papa will es auch“, drängte Victoria.

„Es scheint mir, wenn ich es so ausdrücken darf“, fügte der Professor hinzu, „dass es in Wirklichkeit in der Art liegt, Wiedergutmachung für – nun ja, für – unsere jugendlichen Torheiten zu leisten“, schloss der Professor ein wenig nervös.

Malvinas Augen waren auf den Professor gerichtet. Im gedämpften Licht des Raums mit niedriger Decke schienen diese Augen alles zu sein, was man von ihr sehen konnte.

„Wünschst du es?“ sagte Malvina.

Es war überhaupt nicht fair, wie der Professor sich hinterher sagte, als sie ihm die Verantwortung zuschob. Wenn sie wirklich die ursprüngliche Malvina war, die Hofdame von Königin Harbundia , dann war sie alt genug, um selbst eine Entscheidung zu treffen. Nach den Berechnungen des Professors muss sie jetzt ungefähr dreitausendachthundert sein. Der Professor selbst war noch keine sechzig; im Vergleich dazu ein bloßes Baby! Aber Malvinas Augen waren überzeugend.

„Nun, es kann nicht schaden“, sagte der Professor. Und Malvina scheint das als ihre Autorität akzeptiert zu haben.

„Lass sie bei Sonnenuntergang zu den Cross Stones kommen“, wies Malvina an.

Der Professor begleitete die Zwillinge zur Tür. Aus irgendeinem Grund, den der Professor nicht erklären konnte, gingen sie alle drei auf Zehenspitzen hinaus. Der alte Mr. Brent, der Postbote, kam vorbei, und die Zwillinge rannten hinter ihm her und jeder nahm eine Hand. Malvina stand immer noch dort, wo der Professor sie zurückgelassen hatte. Es war sehr absurd, aber der Professor hatte Angst. Er ging in die Küche, wo es hell und fröhlich war, und begann Mrs. Muldoon mit der Hausordnung. Als er in den Salon zurückkehrte, war Malvina verschwunden.

Die Zwillinge redeten an diesem Abend nicht miteinander und beschlossen am nächsten Morgen, kein Wort zu sagen, sondern einfach ihre Mutter zu bitten, mit ihnen auf einen Abendspaziergang zu kommen. Die Angst war, dass sie Gründe verlangen könnte. Aber seltsamerweise stimmte sie ohne zu fragen zu. Den Zwillingen kam es so vor, als wäre es Mrs. Arlington selbst, die den Weg nahm, der an der Höhle vorbeiführte, und als sie die Kreuzsteine erreichten, setzte sie sich und hatte offenbar ihre Existenz vergessen. Sie stahlen sich davon, ohne dass sie es bemerkte, wussten aber nicht so recht, was sie mit sich anfangen sollten. Sie rannten eine halbe Meile, bis sie den Wald erreichten; dort blieben sie eine Weile und achteten darauf, sich nicht hineinzuwagen; und dann krochen sie zurück. Sie fanden ihre Mutter genau dort sitzen, wo sie sie verlassen hatten. Sie dachten, sie schliefe, aber ihre Augen waren weit geöffnet. Sie waren enorm erleichtert, obwohl sie nie wussten, was sie befürchtet hatten. Sie setzten sich, einer auf jeder Seite von ihr, und jeder nahm eine Hand, aber obwohl ihre Augen geöffnet waren, dauerte es eine ganze Weile, bis sie sich ihrer Rückkehr bewusst wurde. Sie stand auf und sah sich langsam um, und während sie das tat, schlug die Kirchenuhr neun. Sie konnte zunächst nicht glauben, dass es schon so spät war. Überzeugt durch einen Blick auf ihre Uhr – es war gerade hell genug, um es zu sehen – wurde sie auf einmal wütender, als die Zwillinge sie jemals gekannt hatten, und zum ersten Mal in ihrem Leben hatten sie beide das Gefühl, ihre Ohren zu haben verpackt. Neun Uhr war die richtige Zeit zum Abendessen, und sie waren eine halbe Stunde von zu Hause entfernt, und es war alles ihre Schuld. Sie brauchten keine halbe Stunde. Sie brauchten zwanzig Minuten, Mrs. Arlington schritt voran und die Zwillinge hinter ihr atemlos keuchend. Mr. Arlington war noch nicht zurückgekehrt. Fünf Minuten später kam er herein und Mrs. Arlington erzählte ihm, was sie von ihm hielt. Es war das kürzeste Abendessen seit der Erinnerung der Zwillinge. Sie waren zehn Minuten vor dem Rekord im Bett. Sie konnten die Stimme ihrer Mutter aus der Küche hören. Ein Krug Milch war vergessen worden und sauer geworden. Sie hatte Jane eine Woche im Voraus Bescheid gegeben, bevor die Uhr zehn schlug.

Von Mr. Arlington erfuhr der Professor die Nachricht. Mr. Arlington konnte nicht einen Moment innehalten, da das Abendessen pünktlich um zwölf war und es nur noch zehn Minuten dauerte; aber er scheint der Versuchung nachgegeben zu haben. Die Frühstückszeit auf der Manor Farm war jetzt sechs Uhr morgens, und das schon seit Donnerstag; die ganze Familie ist vollständig gekleidet und Mrs. Arlington führt den Vorsitz. Wenn der Professor es nicht glaubte, könnte er jeden Morgen vorbeikommen und sich selbst davon überzeugen. Der Professor scheint sich auf Mr. Arlingtons Wort verlassen zu haben. Um halb sechs waren alle an ihrem Arbeitsplatz und Mrs. Arlington an ihrem Arbeitsplatz, wobei es vor allem darum ging, den Rest des Tages dafür zu sorgen, dass alle da waren. Um zehn geht das Licht aus und alle liegen im Bett; Die meisten von ihnen waren nur allzu froh, dabei zu sein. „Völlig richtig; hält uns alle auf dem Laufenden", war Mr. Arlingtons Meinung (das war am Samstag). Genau das, was wir wollten. Vielleicht nicht für eine Dauer; und natürlich gab es auch Nachteile. Das anstrengende Leben – dafür sorgen, dass alle anderen das anstrengende Leben führen; es passt nicht zu reiner Liebenswürdigkeit. Besonders am Anfang. Neugeborener Eifer: muss damit rechnen, dass er die Diskretion übersteigt. Entmutigt es nicht. Änderungen werden später vorgeschlagen. Alles in allem war Mr. Arlington der Ansicht, dass die Sache fast als die Antwort auf ein Gebet betrachtet werden muss. Mr. Arlingtons Augen scheinen auf dem Weg zu höheren Ebenen von der Kirchenuhr angehalten worden zu sein. Es beschloss, dass Mr. Arlington ohne weiteren Zeitverlust seinen Heimweg fortsetzte. An der Biegung des Weges bemerkte der Professor im Rückblick, dass Mr. Arlington in Trab geraten war.

Dies scheint das Ende des Professors gewesen zu sein, der als vernünftiges und intelligentes Mitglied der modernen Gesellschaft galt. Damals war er sich nicht sicher gewesen, aber jetzt wurde ihm klar, dass er Malvina gedrängt hatte, ihre Stärke, um es auszudrücken, an der unglücklichen Mrs. Arlington zu testen, in der Überzeugung, dass das Ergebnis ihn wieder gesund machen würde zu seinem geistigen Gleichgewicht. Dass Malvina mit einem Schwung ihres Zauberstabs – oder was auch immer das Hokuspokus gewesen sein mag – in der Lage sein würde, die bis dahin unverbesserlich träge und lockere Mrs. Arlington in eine Art weiblichen Lloyd George zu verwandeln, war in seine Berechnungen nicht wirklich eingeflossen .

Er vergaß sein Mittagessen, irrte wohl ziellos umher und kehrte erst am späten Nachmittag nach Hause zurück. Während des Abendessens schien er ziemlich unruhig und nervös gewesen zu sein – „unruhig", wie das kleine Dienstmädchen aussagte. Einmal sprang er wie angeschossen von seinem Stuhl, als das kleine Dienstmädchen versehentlich einen Esslöffel fallen ließ; und zweimal schüttete er das Salz um. Während der Mahlzeiten empfand der Professor in der Regel seine Haltung gegenüber Malvina als am skeptischsten

. An eine Fee, die ein ansehnliches Stück vom Braten wegstecken kann, gefolgt von zwei Portionen Kuchen, muss man schon ein bisschen glauben. Heute Abend hatte der Professor keine Schwierigkeiten. Die Weißen Damen waren nie abgeneigt, die Gastfreundschaft der Sterblichen anzunehmen. Es muss schon immer eine gewisse Anpassungsfähigkeit gegeben haben. Man nimmt an, dass Malvina seit der schicksalhaften Nacht ihrer Verbannung vielfältige Erfahrungen gemacht hat. Für den vorliegenden Zweck hatte sie die Gestalt eines jungen Mädchens des 20. Jahrhunderts (anno Domini) angenommen. Eine Würdigung der hervorragenden Küche von Mrs. Muldoon und ein Glas leichten, gesunden Rotweins gehören natürlich dazu.

Man geht davon aus, dass er Mrs. Arlington keinen Moment aus dem Kopf bekommen konnte. Mehr als einmal kam es ihm so vor, als würde Malvina ihn mit einem spöttischen Lächeln betrachten, als sie einen verstohlenen Blick über den Tisch warf. Irgendein schelmischer Geist musste es gewesen sein, der ihn dazu veranlasst hatte. Jahrtausende lang hatte Malvina – jedenfalls soweit bekannt – ein reformiertes und tadelloses Leben geführt; hatte ihre fatale Leidenschaft für Veränderung unterdrückt und hinter sich gelassen: bei anderen Menschen. Was für ein Wahnsinn, es wiederbelebt zu haben! Und jetzt ist keine Königin Harbundia zur Hand, die sie in Schach halten könnte. Während der Professor eine Birne schälte, hatte er das deutliche Gefühl, dass er in ein Meerschweinchen verwandelt wurde – ein seltsames Gefühl, als würde er an den Beinen schrumpfen. Der Eindruck war so lebendig, dass der Professor unwillkürlich von seinem Stuhl sprang und rannte, um sich im Spiegel über der Anrichte zu betrachten. Selbst dann war er nicht ganz erleichtert. Es könnte der Spiegel gewesen sein. Es war sehr alt; eines dieser Dinger mit kleinen vergoldeten Kugeln rundherum; und für den Professor sah es so aus, als würde ihm die Nase direkt aus dem Gesicht wachsen. Malvina, die darauf vertraute, dass er nicht plötzlich krank geworden war, fragte, ob sie irgendetwas für ihn tun könne. Er scheint sie ernsthaft gebeten zu haben, nicht daran zu denken.

Der Professor hatte Malvina Cribbage beigebracht, und normalerweise spielten sie an einem Abend ein oder zwei Hände. Aber heute Abend war der Professor nicht in der Stimmung, und Malvina hatte sich mit einem Buch zufrieden gegeben. Besonders angetan waren ihr die alten Chronisten. Der Professor hatte ein ganzes Regal davon, viele davon im französischen Original. Er tat so, als würde er selbst etwas lesen, hörte, wie Malvina in ein fröhliches Lachen ausbrach, und blickte ihr über die Schulter. Sie las die Geschichte ihrer eigenen Begegnung mit dem Besitzer einer Zinnmine, einem älteren Herrn, der die späten Abendstunden nicht mochte und den sie in eine Nachtigall verwandelt hatte. Der Professorin kam der Gedanke, dass die Erinnerung an diesen Vorfall vor dem Fall Arlington bei ihr Scham und Reue hervorgerufen hätte. Jetzt schien sie es lustig zu finden.

„Ein dummer Trick", kommentierte der Professor. Er sprach ziemlich hitzig. „Niemand hat das Recht, Menschen zu verändern. Dinge durcheinander zu bringen, die sie nicht verstehen. Kein Recht."

Malvina blickte auf. Sie seufzte leicht.

„Nicht zum eigenen Vergnügen oder aus Rache", antwortete sie. Ihr Ton war von Sanftmut erfüllt. Es hatte einen Anflug von Selbstvorwürfen. „Das ist natürlich völlig falsch. Aber sie zu ihrem eigenen Wohl zu verändern – zumindest nicht zu verändern, sondern zu verbessern."

„Kleiner Heuchler!" murmelte der Professor vor sich hin. „Sie hat wieder Gefallen an ihren alten Tricks gefunden, und Gott weiß jetzt, wo sie aufhören wird."

Der Professor verbrachte den Rest des Abends damit, in seinen Verzeichnissen nach den neuesten Informationen über Königin Harbundia zu suchen .

Inzwischen hatte die Arlington-Affäre das Dorf erfasst. Den Zwillingen war es aller Wahrscheinlichkeit nach nicht gelungen, ihr Geheimnis zu bewahren. Jane, die Entlassene, hatte vorbeigeschaut, um Mrs. Muldoon ihre Version der Szene am Donnerstagabend in der Küche von Arlington zu erzählen, und Mrs. Muldoon, die das Gefühl hatte, dass die Dinge bevorstanden, könnte unbewusst Andeutungen gemacht haben.

Die Marigolds trafen die Arlingtons am Sonntag nach dem Morgengottesdienst und erfuhren alles darüber. Das heißt, sie trafen Mr. Arlington und die anderen Kinder; Mrs. Arlington hatte mit den beiden älteren Mädchen bereits um sieben Uhr die Frühkommunion besucht. Frau Marigold war eine hübsche, flauschige, einnehmende kleine Frau, zehn Jahre jünger als ihr Mann. Sie konnte nicht ganz dumm sein, sonst hätte sie es nicht gewusst. Marigold, der aufstrebende Politiker, hätte natürlich eine Frau heiraten sollen, die ihm helfen konnte; scheint sich aber ein paar Meilen außerhalb von Brüssel über einer Klostermauer in sie verliebt zu haben. Herr Arlington war kein regelmäßiger Kirchgänger, hatte aber bei dieser Gelegenheit das Gefühl, dass er es seinem Schöpfer schuldig war. Er war immer noch in seine neue Frau verliebt. Aber nicht blind. Später könnte eine leitende Hand nötig sein. Aber lassen Sie den neuen Samen zunächst fest verwurzeln. Aufgrund seiner Verpflichtungen musste Marigold am Sonntagnachmittag in die Stadt zurückkehren, und Mrs. Marigold begleitete ihn einen Teil des Weges zum Bahnhof. Auf dem Rückweg über die Felder holte sie die Arlington-Zwillinge ab. Später scheint sie im Cottage vorbeigekommen zu sein und mit Mrs. Muldoon über Jane gesprochen zu haben, die, wie sie gehört hatte, eine Bleibe brauchte. Kurz vor

Sonnenuntergang sah der Doktor sie den Weg zum Warren erklimmen.
Malvina fehlte an diesem Abend zum Abendessen. Als sie zurückkam, schien
sie zufrieden mit sich zu sein.

VI. UND WIE ES ZU FRÜH FERTIG WURDE.

Einige Tage später – es könnte die nächste Woche gewesen sein; Das
genaue Datum scheint verloren gegangen zu sein – Marigold, Abgeordneter,
schaute beim Professor vorbei. Sie sprachen über eine Zollreform, und dann
stand Marigold auf und vergewisserte sich, dass die Tür fest verschlossen
war.

„Sie kennen meine Frau", sagte er. „Wir sind seit sechs Jahren
verheiratet und es gab bis auf eine einzige Wolke zwischen uns. Natürlich ist
sie nicht klug. Zumindest ..."

Der Professor sprang von seinem Stuhl auf.

„Wenn du meinen Rat befolgst", sagte er, „wird du sie in Ruhe lassen."
Er sprach mit Leidenschaft und Überzeugung.

Marigold blickte auf.

„Es ist genau das, was ich um Himmels Willen getan hätte", antwortete
er. „Ich gebe mir selbst die Schuld."

„Solange wir unsere eigenen Fehler erkennen", sagte der Professor,
„gibt es für uns alle Hoffnung. Sie gehen direkt nach Hause, junger Mann,
und sagen ihr, dass Sie Ihre Meinung geändert haben. Sagen Sie ihr, dass Sie
sie nicht mit haben wollen." Gehirne. Sagen Sie ihr, dass sie Ihnen ohne am
besten gefällt. Das setzen Sie ihr in den Kopf, bevor etwas anderes passiert.

„Das habe ich versucht", sagte Marigold. „ Sie sagt, es sei zu spät. Dass
das Licht zu ihr gekommen sei und sie nichts dagegen tun könne."

Jetzt war der Professor an der Reihe zu starren. Von den Transaktionen
am Sonntag hatte er nichts gehört. Er hatte wider alle Hoffnung gehofft, dass
die Arlington-Affäre ein verschlossenes Geheimnis zwischen ihm und den
Zwillingen bleiben würde, und hatte sein Bestes getan, über alles andere
nachzudenken.

„Sie ist der Fabian Society beigetreten", fuhr Marigold düster fort. „Sie
haben sie in die Kinderstube gesteckt. Und die WSPU. Wenn es vor der
nächsten Wahl soweit kommt, muss ich mich nach einem anderen Wahlkreis
umsehen – das ist alles."

„Wie haben Sie von ihr erfahren?" fragte der Professor.

„Ich habe nichts von ihr gehört", antwortete Marigold. „Wenn ich es getan hätte, wäre ich vielleicht nicht in die Stadt gegangen. Halten Sie es für richtig", fügte er hinzu, „solche Leute zu ermutigen?"

„Wer ermutigt sie?" forderte der Professor. „Wenn Narren nicht denken würden, sie könnten jeden anderen Narren außer sich selbst verbessern, würde so etwas nicht passieren. Arlington hatte eine liebenswürdige, gutmütige Frau, und anstatt Gott zu danken und darüber zu schweigen, macht er sich Sorgen." Sie wird aus ihrem Leben verbannt, weil sie nicht die geschäftsführende Frau ist. Nun, jetzt hat er die geschäftsführende Frau. Ich traf ihn am Mittwoch mit einer Beule auf der Stirn, so groß wie ein Ei. Er sagt, er sei über die Matte gefallen. Das geht nicht Man kann eine Person nicht so weit verändern, wie man sie verändern möchte, und dann hört man auf. Man lässt sie in Ruhe oder verändert sie ganz, und dann weiß sie selbst nicht, was aus ihr werden wird . Ein vernünftiger Mann in Ihrer Position wäre nur zu dankbar für eine Frau gewesen, die sich nicht in seine Angelegenheiten einmischte und mit der er seiner verworrenen Politik entfliehen konnte. Sie haben ihr etwa einmal im Monat Andeutungen gemacht Ich gehe davon aus, was für eine Tragödie es war, dass Sie keine Frau mit Verstand geheiratet haben. Nun hat sie ihren Verstand gefunden und nutzt ihn. Warum sollte sie nicht der Fabian Society und der WSPU angehören? Zeigt die Unabhängigkeit des Charakters. Das Beste, was Sie tun können, ist, selbst mitzumachen. Dann können Sie zusammenarbeiten."

„Es tut mir leid", sagte Marigold und erhob sich. „Ich wusste nicht, dass du ihrer Meinung bist."

„Wer hat gesagt, dass ich ihr zustimme?" schnappte der Professor. „Ich bin in einer sehr unangenehmen Lage."

„Ich nehme an", sagte Marigold – er zögerte mit der Tür in seiner Hand – „würde es keinen Zweck haben, wenn ich sie selbst sehe?"

„Ich glaube", sagte der Professor, „dass sie die Nähe der Kreuzsteine gegen Sonnenuntergang liebt. Sie können selbst entscheiden, aber wenn ich Sie wäre , würde ich es mir zweimal überlegen."

„Ich habe mich gefragt", sagte Marigold, „ob sie, wenn ich es ihr als einen persönlichen Gefallen ansehe , vielleicht nicht bereit wäre, Edith wiederzusehen und sie davon zu überzeugen, dass das nur ein Scherz war?"

Ein Licht begann über dem Professor aufzuleuchten.

„Was ist Ihrer Meinung nach passiert?" er hat gefragt.

„Nun", erklärte Marigold, „ich gehe davon aus, dass Ihre junge ausländische Freundin meine Frau getroffen und mit ihr über Politik gesprochen hat, und dass das, was passiert ist, das Ergebnis ist. Sie muss eine junge Person mit außergewöhnlichen Fähigkeiten sein, aber das wäre nur so." Ich habe einen Konvertiten verloren, und ich könnte es auf andere Weise wieder gut machen. Er sprach mit unbewusstem Pathos. Es berührte den Professor eher.

„Es könnte bedeuten", sagte der Professor – „das heißt, vorausgesetzt, dass es überhaupt möglich ist –, dass Mrs. Marigold vollständig zu ihrem früheren Selbst zurückkehrt und sich überhaupt nicht mehr für Politik interessiert."

„Ich sollte sehr dankbar sein", antwortete Marigold.

Der Professor hatte seine Brille verlegt, glaubt aber, dass Marigold eine Träne im Auge hatte.

„Ich werde tun, was ich kann", sagte der Professor. „Natürlich dürfen Sie nicht damit rechnen. Es kann einfacher sein, eine Frau zum Nachdenken zu bringen, als sie aufzuhalten, und sei es auch nur für eine..." Der Professor hielt sich gerade noch rechtzeitig zurück. „Ich werde mit ihr reden", sagte er; und Marigold ergriff seine Hand und ging.

Es war an der Zeit, dass er es tat. Das volle Ausmaß von Malvinas Aktivitäten während dieser wenigen Mittsommerwochen bis zur Rückkehr von Flugkommandant Raffleton wird vielleicht nie vollständig enthüllt. Nach Ansicht des Doktors ist die ganze Sache völlig übertrieben. Es gibt diejenigen, die reden, als wäre das halbe Dorf in Stücke gerissen, verändert und verbessert worden und in einem Geisteszustand, den ihre eigenen Mütter nicht wiedererkennen würden, wieder nach Hause geschickt worden. Es ist sicher, dass Dawson, RA, von allen außer seiner Frau allgemein als „ein liebenswerter kleiner Mann" beschrieben wird und dessen einziger Fehler die unheilbare Angewohnheit von Wortspielen war, sowohl in der Saison – wenn es eine solche Zeit gibt – und häufiger auch außerhalb. Plötzlich zerschmetterte eines Morgens ein holländisches Interieur, fünfzehn mal neun Zoll groß, über dem erstaunten Kopf von Mrs. Dawson. Es hing um ihren Hals und erinnerte an biblische Bilder vom Kopf Johannes des Täufers, und das Gerüst musste durchgesägt werden, bevor sie es abnehmen konnte. Was die Geschichte betrifft, dass er von Mrs. Dawsons Tante dabei erwischt wurde, wie er das Hausmädchen hinter der Wassertonne küsste , so ist das, wie der Doktor zugibt, ein bisschen Pech, das jedem passieren könnte. Aber ob es wirklich irgendwelche Beweise gab, die ihn mit Dolly Calthorpes unerklärlichem Fehlen des letzten Zuges nach Hause in Verbindung brachten, ist natürlich eine ernstere Angelegenheit. Mrs. Dawson, selbst eine hübsche, temperamentvolle Frau, dürfte Dawson in seiner ursprünglichen

Form als anstrengend empfunden haben; obwohl sich selbst dann die Frage stellt: Warum haben sie ihn geheiratet? Aber es gibt einen Unterschied, wie Mrs. Dawson betont hat, zwischen einem Ehemann, der nicht genug vom natürlichen Mann in sich hat, und einem Ehemann, der zu viel davon hat. Es ist schwierig, diese Angelegenheiten zu regeln.

Insgesamt ist der Doktor der Meinung, dass es nach Einschätzung von außen vielleicht ein halbes Dutzend gab, denen es mit Malvinas Hilfe gelang, sich durch Hypnose vorübergehend in den Wahnsinn zu versetzen. Als Malvina, ein wenig enttäuscht, aber ganz sanft ihr eigenes Urteil dem des weisen und gelehrten Christopher überließ, zustimmte, sie „wiederherzustellen", war die Erklärung, dass sie, nachdem sie ihren Ausbruch unrechtmäßig erworbener Energie verbraucht hatten, zurückfielen erster Vorschlag an ihr früheres Ich.

Mrs. Arlington ist nicht mit dem Doktor einverstanden. Sie hatte schon lange versucht, sich zu reformieren, war aber kläglich gescheitert. Etwas an ihnen – man könnte es fast als Duft bezeichnen – veranlasste sie an diesem Abend, die Zwillinge ins Vertrauen zu ziehen; eine Art Intuition, dass sie ihr irgendwie helfen könnten. Es blieb den ganzen nächsten Tag bei ihr; und als die Zwillinge am Abend in Begleitung des Postboten zurückkamen, wusste sie instinktiv, dass sie sich um ihr Geschäft gekümmert hatten. Es war derselbe intuitive Wunsch, der sie in die Downs zog. Sie ist zuversichtlich, dass sie den Spaziergang zu den Cross Stones auch dann unternommen hätte, wenn die Zwillinge ihn nicht vorgeschlagen hätten. Tatsächlich wusste sie nach eigenen Angaben nicht, dass die Zwillinge sie begleitet hatten. Da war etwas an den Steinen; ein Gefühl einer Präsenz. Als sie sie erreichte, wusste sie, dass sie am vereinbarten Ort angekommen war; Und als ihr – von wo sie nicht sagen konnte – eine winzige Gestalt erschien, die auf eine geheimnisvolle Weise wirkte, als wäre sie nur in das schwindende Licht gehüllt, erinnerte sie sich deutlich daran, dass sie weder überrascht noch beunruhigt war. Die zierliche Dame setzte sich neben sie und nahm Mrs. Arlingtons Hände in ihre beiden. Sie sprach in einer seltsamen Sprache, aber Mrs. Arlington verstand sie damals, obwohl ihr die Bedeutung inzwischen entgangen war. Mrs. Arlington hatte das Gefühl, als würde ihr der Körper weggenommen. Sie hatte das Gefühl zu fallen, das Gefühl, dass sie einen verzweifelten Versuch unternehmen musste, wieder aufzustehen. Die seltsame kleine Dame half ihr und half ihr, diese höchste Anstrengung zu unternehmen. Es war, als würden Ewigkeiten vergehen. Sie kämpfte mit unbekannten Kräften. Plötzlich schien sie ihnen zu entgleiten. Die kleine Dame hielt sie hoch. Sie umklammerten einander und erhoben sich und erhoben sich und erhoben. Mrs. Arlington war fest davon überzeugt, dass sie immer nach oben kämpfen musste, sonst würden sie einholen und wieder nach unten ziehen. Als sie aufwachte, war die kleine Dame gegangen, aber dieses Gefühl blieb bei ihr; diese leidenschaftliche Akzeptanz des unaufhörlichen Kampfes, der Aktivität und des Streits als nunmehr das Ende und Ziel ihrer Existenz. Zuerst konnte sie sich nicht erinnern , wo sie war. Ein seltsames farbloses Licht umgab sie und ein seltsamer Gesang wie von unzähligen Vögeln. Und dann schlug die Uhr neun und das Leben kehrte mit einem Schlag zurück. Aber immer noch die Überzeugung, dass sie sich selbst und alle anderen in den Griff bekommen und die Dinge erledigen muss. Seinen unmittelbaren Ausdruck erlebten, wie bereits erwähnt, die Zwillinge.

Als sie nach einem Gespräch mit dem Professor, unterstützt von Mr. Arlington und dem ältesten Mädchen aus Arlington, zustimmte, den Steinen diesen zweiten Besuch abzustatten, war sie mit ganz anderen Gefühlen den grasbewachsenen Pfad hinaufgestiegen. Die kleine Dame hatte sie wie zuvor getroffen, aber die neugierigen, tiefen Augen blickten traurig, und Mrs. Arlington hatte im Allgemeinen den Eindruck, dass sie im Begriff war, bei ihrer eigenen Beerdigung mitzuhelfen. Wieder nahm die kleine Dame sie bei den Händen, und wieder erlebte sie den Schrecken des Sturzes. Aber statt mit Kampf und Anstrengung zu enden, schien sie einzuschlafen, und als sie die Augen öffnete , war sie wieder allein. Sie fühlte sich ein wenig fröstelnd und unverhältnismäßig müde, ging langsam nach Hause, und da sie keinen Hunger hatte, zog sie sich ohne Abendessen ins Bett zurück. Sie kann sich den Grund nicht erklären und scheint sich in den Schlaf geweint zu haben.

Man nimmt an, dass den anderen – mit Ausnahme von Frau Marigold – etwas Ähnliches passiert sein könnte. Es war der Fall von Frau Marigold, der, wie der Doktor widerwillig zugibt, seine Hypothese weitestgehend entkräftete. Nachdem Mrs. Marigold aufgetaucht war, breitete sie sich zu ihrer großen Zufriedenheit aus. Sie hatte ihren Ehering als Überbleibsel der Barbarei aus der Zeit abgelegt, als Frauen bloße Besitztümer und Mobiliar waren, und auf einer Versammlung ihre erste Rede gehalten, in der sie sich für eine Ehereform aussprach . In ihrem Fall musste auf eine List zurückgegriffen werden. Malvina hatte unter Tränen zugestimmt, und Marigold, Abgeordneter, sollte Frau Marigold noch am selben Abend zu den Cross Stones bringen und sie dort zurücklassen, wobei er ihr erklärte, dass Malvina den Wunsch geäußert hatte, sie wiederzusehen – „nur für ein Gespräch".

Alles hätte gut ausgehen können, wenn Commander Raffleton nicht genau in dem Moment, als Malvina angefangen hatte, eingerahmt in der Salontür aufgetaucht wäre. Sein Cousin Christopher hatte an den Kommandanten geschrieben. Tatsächlich war es nach der Arlington-Affäre ziemlich dringlich, und ein- oder zweimal hatte er geglaubt, das Geräusch des Propellers von Flugkommandant Raffleton zu hören , war aber jedes Mal enttäuscht worden. „Staatsangelegenheiten", hatte Cousin Christopher Malvina erklärt, die, wie man es mit den Rufen an Ritter und Krieger aller Zeiten kennt, zugestimmt hatte.

Er stand da mit seinem Helm in der Hand.

„Erst heute Nachmittag aus Frankreich angekommen", erklärte er. „Ich habe keinen Moment übrig."

Aber er hatte gerade noch Zeit, direkt zu Malvina zu gehen. Er lachte, als er sie in seine Arme nahm und sie voll auf die Lippen küsste.

Als er sie das letzte Mal geküsst hatte, war es im Obstgarten gewesen; Der Professor war Zeuge davon gewesen – Malvina war ganz passiv geblieben, nur dieses seltsame kleine Lächeln um ihre Lippen. Aber jetzt passierte etwas Seltsames. Ein Zittern schien durch ihren ganzen Körper zu gehen, so dass er schwankte und zitterte. Der Professor befürchtete, sie würde fallen; und vielleicht um sich selbst zu retten, legte sie ihre Arme um Commander Raffletons Hals und klammerte sich mit einem seltsamen, leisen Schrei – der für den Professor wie der Schrei klang, den man manchmal nachts von einem kleinen sterbenden Waldgeschöpf hört – an ihn Schluchzen.

Es muss eine Weile später gewesen sein, als das Schlagen der Uhr den Professor an die Verabredung mit Frau Marigold erinnerte.

„Du wirst gerade noch Zeit haben", sagte er und versuchte sanft, sie loszulassen. „Ich verspreche, ihn zu behalten, bis du zurückkommst." Und da Malvina es nicht zu verstehen schien, erinnerte er sie daran.

Aber sie bewegte sich immer noch nicht, bis auf eine kleine Handbewegung, als wollte sie etwas Unsichtbares ergreifen. Und dann ließ sie ihre Arme sinken und schaute von einem zum anderen. Der Professor dachte damals nicht daran, erinnerte sich aber später; diese seltsame Distanziertheit von ihr, als ob sie dich aus einer anderen Welt ansah. Man spürte es nicht mehr.

„Es tut mir so leid", sagte sie. „Es ist zu spät. Ich bin nur eine Frau."

Und Frau Marigold denkt immer noch nach.

DER PROLOG.

Und hier folgt der Prolog. Es hätte natürlich zuerst geschrieben werden sollen, aber bis zum Schluss wusste niemand davon. Es wurde Commander Raffleton von einem französischen Kameraden erzählt , der in Friedenstagen

Maler gewesen war und sich unter seinesgleichen verkehrte, insbesondere unter solchen, die ihre Inspiration in den weiten Horizonten und sagenumwobenen Tälern der alten Bretagne fanden. Danach erzählte der Kommandant es dem Professor, und die einzige Bedingung des Professors war, dass es dem Doktor zumindest eine Zeit lang nicht erzählt werden sollte. Denn der Doktor würde darin nur eine Bestätigung seiner eigenen, engstirnigen Theorien sehen, während es für den Professor zweifelsfrei die absolute Wahrheit dieser Geschichte bestätigte.

Es begann im Jahr 1898 (anno Domini), an einem besonders unangenehmen Abend Ende Februar – „eine stürmische Winternacht", würde man es nennen, wenn jemand nur Liebesromane schrieb. Es kam zu dem einsamen Häuschen von Madame Lavigne am Rande des Moores, das das versunkene Dorf Aven -a-Christ umgibt. Madame Lavigne, die Strümpfe strickte – denn sie lebte vom Stricken von Strümpfen –, hörte, wie sie dachte, Schritte und etwas, das wie ein Klopfen an der Tür schien. Sie verwarf den Gedanken, denn wer würde zu so einer Stunde vorbeikommen, und wo es keine Straße gab? Doch ein paar Minuten später ertönte das Klopfen erneut, und Madame Lavigne nahm ihre Kerze in die Hand und ging, um zu sehen, wer da war. In dem Moment, als sie den Riegel losließ, blies ein Windstoß die Kerze aus und Madame Lavigne konnte niemanden sehen. Sie rief an, aber es kam keine Antwort. Sie wollte gerade die Tür wieder schließen, als sie ein leises Geräusch hörte. Es war nicht gerade ein Schrei. Es war, als hätte jemand, den sie nicht sehen konnte, mit der leisesten Stimme etwas gesagt, das sie nicht verstehen konnte.

Madame Lavigne bekreuzigte sich und murmelte ein Gebet, und dann hörte sie es wieder. Es schien aus der Nähe zu ihren Füßen zu kommen, und sie tastete mit den Händen ab – denn sie dachte, es könnte eine streunende Katze sein – und fand ein ziemlich großes Paket. Es war warm und weich, wenn auch natürlich etwas nass, und Madame Lavigne brachte es herein, schloss die Tür, zündete ihre Kerze wieder an und legte es auf den Tisch. Und dann sah sie, dass es das kleinste Baby war.

Es muss immer eine schwierige Situation sein. Madame Lavigne tat, was die meisten Leute in diesem Fall getan hätten. Sie entrollte die Verpackungen, nahm das kleine Ding auf ihren Schoß, setzte sich vor das trübe Torffeuer und dachte nach. Es schien wunderbar zufrieden zu sein, und Madame Lavigne hielt es für das Beste, es auszuziehen, ins Bett zu legen und dann mit dem Stricken fortzufahren. Sie würde am Morgen Pater Jean konsultieren und seinen Rat befolgen. Sie hatte noch nie so schöne Kleidung gesehen. Sie zog sie eins nach dem anderen aus und befühlte liebevoll ihre Beschaffenheit, und als sie schließlich das letzte kleine Hemd entfernte und das kleine weiße Ding frei lag, sprang Madame Lavigne mit einem Schrei auf und ließ es fast ins Feuer fallen. Denn sie erkannte an dem Mal, dass jeder bretonische Bauer wusste, dass es sich nicht um ein Kind, sondern um eine Fee handelte.

Ihre richtige Vorgehensweise bestand, wie sie sehr wohl wusste, darin, die Tür zu öffnen und sie in die Dunkelheit hinauszuschleudern. Die meisten Frauen im Dorf hätten das getan und den Rest der Nacht auf den Knien verbracht. Aber jemand muss mit Weitsicht entschieden haben. Madame Lavigne erinnerte sich an ihren guten Mann und ihre drei großen Söhne, die ihr einer nach dem anderen von der eifersüchtigen See genommen wurden, und sie konnte es, was auch immer geschehen mochte, nicht tun. Das kleine Ding verstand, das war klar, denn es lächelte ganz wissend und streckte seine kleinen Hände aus, berührte Madame Lavignes braune, verwelkte Haut und ließ vergessene Herzschläge erwachen.

Pater Jean – man hält ihn für einen toleranten, sanftmütigen, weisen alten Herrn – konnte nichts Schlimmes erkennen. Das heißt, wenn Madame Lavigne sich den Luxus leisten könnte. Vielleicht war es eine gute Fee. Würde ihr Glück bringen. Und sicher ist, dass das Gackern von Madames Hühnern häufiger zu hören war als zuvor und dass das Unkraut in dem kleinen Stück Garten, das Madame Lavigne aus dem Moor gerettet hatte, weniger zu sein schien.

Natürlich verbreitete sich die Nachricht. Man nimmt an, dass Madame Lavigne sich eher auftrumpfte. Aber die Nachbarn schüttelten den Kopf und das Kind wuchs einsam und gemieden auf. Zum Glück lag die Hütte weit entfernt von anderen Häusern und es gab immer das große Moor mit seinen tiefen Verstecken. Pater Jean war ihr einziger Spielkamerad. Er nahm sie auf seinen langen Streifzügen durch sein verstreutes Viertel mit und ließ sie abgeschirmt zwischen Stechginster und Farn in der Nähe der einsamen Gehöfte zurück, auf denen er seine Besuche machte.

Er hatte gelernt, dass es nutzlos war: Alle Versuche der Mutter Kirche, aus diesem Meer zu schimpfen, und die Heiden strömten mit ihrem heidnischen Aberglauben herbei. Er würde es der Zeit überlassen. Später könnte sich vielleicht die Gelegenheit ergeben, das Kind in einem Kloster unterzubringen, wo es das Vergessen lernen und zu einer guten Katholikin heranwachsen würde. Mittlerweile musste man Mitleid mit dem kleinen einsamen Wesen haben. Vielleicht nicht ganz um ihrer selbst willen; eine liebe, liebevolle kleine Seele, seltsam weise; so kam sie Pater Jean vor. Im Schatten der Bäume oder im warmen Unterschlupf mit den sanftäugigen Kühen unterrichtete er sie aus seinem kleinen Wissensschatz. Hin und wieder erschreckte sie ihn mit einer Intuition, einem seltsam unkindlichen Kommentar. Es war, als hätte sie schon vor langer Zeit alles darüber gewusst.

Pater Jean warf ihr unter seinen struppigen Augenbrauen einen schnellen Blick zu und verfiel in Schweigen. Es war auch merkwürdig, wie die wilden Tiere des Feldes und des Waldes keine Angst vor ihr zu haben schienen. Manchmal hielt er inne, als er dorthin zurückkehrte, wo er sie versteckt hatte, und fragte sich, mit wem sie sprach, und als er näher kam, hörte er das Wegstehlen kleiner Füße und das erschrockene Flattern von Flügeln. Sie hatte elfenartige Verhaltensweisen, von denen es unmöglich schien, sie zu heilen. Oft hielt der gute Mann, der mit seiner Laterne und seinem dicken Eichenknüppel von einem späten Gnadenbesuch zurückkam, inne und lauschte einer wandernden Stimme. Sie war nie nahe genug, dass er die Worte hören konnte, und die Stimme kam ihm fremd vor, obwohl er wusste, dass es niemand anderes sein konnte. Madame Lavigne zuckte mit den Schultern. Wie konnte sie es verhindern? Es stand ihr nicht zu, das „Kind" zu verärgern, selbst wenn man annahm, dass Bolzen und Stangen von Nutzen sein könnten. Pater Jean gab es verzweifelt auf. Es lag ihm auch nicht zu, allzu oft zu verbieten und zu belehren. Vielleicht hatten die schlauen, zärtlichen Wege ihr Netz um das Herz des kinderlosen alten Herrn gesponnen und ihn auch etwas ängstlich gemacht. Vielleicht andere Ablenkungen! Denn Madame Lavigne würde ihr niemals erlauben, etwas anderes als die leichteste Arbeit zu tun. Er würde ihr das Lesen beibringen. So schnell wurde ihr klar, dass es Pater Jean so vorkam, als hätte sie es nicht schon gewusst. Aber er hatte seine Belohnung darin, die Freude zu beobachten, mit der sie vorzugsweise die urigen gedruckten Bände voller Liebesgeschichten und Geschichtsbücher verschlang, die er ihr von seinen seltenen Reisen in die ferne Stadt mit nach Hause brachte.

Als sie etwa dreizehn war, kamen die Damen und Herren aus Paris. Natürlich waren es keine echten Damen und Herren. Nur eine kleine Gruppe von Künstlern, die nach neuen Feldern suchen. Sie hatten die Küste und die Fachwerkhäuser in den engen Gassen „erledigt", und cincr von ihnen hatte vorgeschlagen, das einsame, unbekannte Landesinnere zu erkunden. Sie begegneten ihr, wie sie auf einem alten grauen Stein saß und aus einem uralt aussehenden Buch las, und sie war aufgestanden und machte einen Knicks vor ihnen. Sie hatte nie Angst. Sie war es, die Angst hervorrief. Oft kümmerte sie sich ein wenig traurig um die Kinder, die von ihr flogen. Aber es ließ sich natürlich nicht ändern. Sie war eine Fee. Sie hätte ihnen keinen Schaden zugefügt, aber man konnte nicht erwarten, dass sie das verstanden. Es war eine wunderbare Abwechslung; Begegnung mit Menschen, die weder schrien noch hastig ihre Paternoster aufsagten, sondern die stattdessen ihr Lächeln erwiderten. Sie fragten sie, wo sie wohne, und sie zeigte es ihnen. Sie wohnten in Aven -a-Christ; und eine der Damen war mutig genug, sie sogar zu küssen. Lachend und redend gingen sie alle gemeinsam den Hügel hinunter. Sie fanden Madame Lavigne bei der Arbeit in ihrem Garten. Madame Lavigne hat sich jeglicher Verantwortung entledigt. Die Entscheidung lag bei Suzanne. Es schien, als wollten sie ein Foto von ihr machen, wie sie auf dem grauen Stein saß, wo sie sie gefunden hatten. Es war sicherlich nur freundlich, sie zuzulassen; Also war sie am nächsten Morgen wieder dort und wartete auf sie. Sie gaben ihr ein Fünf-Franken-Stück. Madame Lavigne bezweifelte, dass sie damit umgehen würde, aber Pater Jean bürgte dafür, dass es sich um gutes republikanisches Geld handelte; und im Laufe der Tage wurde Madame Lavignes schwarzer Strumpf immer schwerer, da sie ihn jeden Abend wieder in den Kamin hängte.

Es war die Dame, die sie zum ersten Mal geküsst hatte, die entdeckte, wer sie war. Sie waren sich alle von Anfang an sicher, dass sie eine Fee war und dass „Suzanne" nicht ihr richtiger Name sein konnte. Sie fanden es im „Heptameron von Friar Bonnet. Darin werden die zahlreichen Abenteuer des tapferen und mächtigen Königs Ryence von der Bretagne aufgezeichnet", das einer von ihnen am Quai aux Fleurs aufgelesen und mitgebracht hatte. Es erzählte alles über die Weißen Damen und darin wurde sie beschrieben. Man konnte sie nicht verkennen; der schöne Körper, der einer vom Wind wiegenden Weide glich. Die weißen Füße, die vorbeigehen konnten und den Tau unerschütterlich vom Gras zurückließen. Die Augen blau und tief wie Bergseen. Die goldenen Locken, auf die die Sonne neidisch war.

Es war alles ganz klar. Sie war Malvina, einst die Favoritin von Harbundia , der Königin der Weißen Damen der Bretagne. Aus Gründen – weitere Anspielungen, die die Höflichkeit verbietet – war sie eine Wanderin gewesen, und niemand wusste, was aus ihr geworden war. Und nun hatte sie die Laune dazu gebracht, als kleines bretonisches Bauernmädchen wieder aufzutauchen, nahe dem Schauplatz ihrer vergangenen Erfolge. Sie knieten vor ihr nieder, um ihr zu huldigen, und alle Damen küssten sie. Die Herren der Partei dachten, sie würden bald an die Reihe kommen. Aber das ist nie passiert. Es war nicht ihre eigene Schüchternheit, die ihnen im Weg stand: Man muss ihnen gerecht werden. Es war, als ob eine junge Königin, verbannt und unter Fremden unbekannt, plötzlich von einer kleinen Gruppe ihrer treuen Untertanen erkannt worden wäre , die zufällig auf diesem Weg vorbeikamen. So dass sie, statt wie beabsichtigt herumzutollen und zu lachen, mit entblößten Köpfen stehen blieben; und niemand war gern der Erste, der sprach.

Mit einer gnädigen Geste beruhigte sie sie – oder versuchte es zumindest. Aber ihnen allen wurde ihr Wunsch nach Geheimhaltung auferlegt. Und so entlassen, scheinen sie als wunderbar nüchterne kleine Gruppe ins Dorf zurückgekehrt zu sein und alle Empfindungen ehrlicher Leute zu erleben, die zum ersten Mal einen Blick auf die High Society werfen.

Sie kamen nächstes Jahr wieder – zumindest einige von ihnen – und brachten ein Kleid mit, das Malvinas Tragen würdiger wäre. Es war so nah wie möglich an dem wahren und ursprünglichen Kostüm, wie es der gute Mönch Bonnet beschrieb, das in einer einzigen Nacht von der Zauberspinne Karai aus Mondlicht gewebt worden war. Malvina nahm es dankbar an und war sichtlich erfreut, wieder in fitter und angemessener Kleidung zu sein. In seltenen Fällen, in denen nur Malvina es wusste, wurde es versteckt. Aber die Dame, die sie zuerst geküsst hatte und deren Spezialität Feen waren, verlangte um Erlaubnis und stimmte zu, es zu tragen, während sie für ihr Porträt saß. Das Bild ist noch immer im Palais des Beaux Arts in Nantes zu sehen (der Bretonne- Saal). Es stellt sie dar, wie sie kerzengerade dasteht, eine einsame kleine Gestalt mitten in einem baumlosen Moor. Die Bemalung des Gewandes soll sehr wunderbar sein. „Malvina der Bretagne" lautet die Inschrift, das Datum ist Neunzehnhundertdreizehn.

Im nächsten Jahr war Malvina nicht mehr da. Madame Lavigne hatte mit gefalteten Händen ihr letztes Paternoster gemurmelt. Pere Jean hatte das Kloster dazu gedrängt. Aber zum ersten Mal war sie ihm gegenüber offenkundig eigensinnig gewesen. Irgendeine Fantasie schien in den Kopf des Kindes gelangt zu sein. Etwas, das sie offenbar mit dem riesigen baumlosen Moor in Verbindung brachte, das sich nach Süden erstreckte, bis zu der Stelle, an der der alte Menhir von König Taramis seinen Gipfel krönte. Der gute Mann gab wie üblich nach. Für den Augenblick blieben Madame Lavignes kleine Ersparnisse übrig. Suzannes Wünsche waren gering. Die seltenen notwendigen Einkäufe konnte Pater Jean selbst erledigen. Mit Beginn des Winters würde er das Thema noch einmal ansprechen und dann ganz entschieden sein. Genau das waren die Sommernächte, in denen Suzanne gerne herumstreifte; und was die Gefahr betrifft! Im Umkreis von zehn Meilen gab es keinen Jungen, der nicht eine Meile gelaufen wäre, um selbst bei Tageslicht nicht an der Hütte vorbeizukommen, die dort steht, wo das Moor zum Meer hin abfällt .

Aber man vermutet, dass sich sogar eine Fee einsam fühlen kann. Vor allem eine verbannte Fee, die sozusagen zwischen Erde und Luft schwebte und wusste, dass sterbliche Jungfrauen geküsst und umworben wurden, während die eigenen Gefährten sich von einer im Verborgenen fernhielten. Vielleicht kam ihr der Gedanke, dass man ihr nach all den Jahren vielleicht verzeihen würde. Dennoch war es ihr Treffpunkt, so die Legende, vor allem in Mittsommernächten. Mittlerweile war es für das menschliche Auge selten, einen Blick auf die schimmernden Gewänder zu erhaschen, aber hoch oben im baumlosen Moor konnte man, wenn man mutig genug wäre, den Rhythmus ihrer tanzenden Füße zur Musik der Frau vom Brunnen zu hören, noch immer hören . Wenn sie sie suchte und sie leise rief, könnten sie sich ihr dann nicht offenbaren und ihr im wirbelnden Kreis wieder Platz machen? Man könnte meinen, dass das Mondlichtkleid ihre Hoffnungen verstärkt hat. Die Philosophie gibt zu, dass das Gefühl, gut gekleidet zu sein , Selbstvertrauen gibt.

Wenn sie nicht alle verschwunden wären – von einem sterblichen Mann dreimal auf die Lippen geküsst worden wären und so eine Frau geworden wären? Es scheint eine Möglichkeit gewesen zu sein, auf die Ihre Weiße Dame vorbereitet sein musste. Das heißt, wenn sie sich dafür entscheiden würde, es zu ertragen. Wenn nicht, war es für den zu wagemutigen Sterblichen bedauerlich. Aber wenn er in ihren Augen Gunst erlangte! Dass er mutig war, bewies sein Werben. Wäre er außerdem hübsch, hätte er ein freundliches, starkes Wesen und einen Blick, der Sie anzieht? Die Geschichte beweist, dass solche Träume sogar weiße Damen gehabt haben müssen. Vielleicht besonders in Mittsommernächten, wenn der Mond voll ist. In einer solchen Nacht hatte Sir Gerylon Malvinas Schwester Sighile mit einem Kuss geweckt. Eine wahre Weiße Dame muss es immer wagen, sich ihrem Schicksal zu stellen.

Es scheint Malvina widerfahren zu sein. Einige erzählten Pater Jean, wie er in einem von geflügelten Pferden gezogenen Streitwagen angekommen sei und der Donner seiner Vorbeifahrt viele in den schlafenden Dörfern darunter geweckt habe. Und andere sagten, er sei in Form eines großen Vogels gekommen. Pater Jean hatte selbst seltsame Geräusche gehört und war sich sicher, dass Suzanne verschwunden war.

Pater Jean hörte einige Wochen später eine andere Version, die ihm von einem englischen Ingenieuroffizier erzählt wurde, der mit dem Fahrrad vom nächsten Bahnhof angereist war und heiß und hungrig durstig ankam. Und Pater Jean, der versprochen hatte, Suzanne bei der ersten Gelegenheit zu sehen, glaubte es. Aber für die meisten seiner Herde klang es wie ein unmögliches Geschwätz, das mit dem Ziel erzählt wurde, die Wahrheit zu verschleiern.

So endet meine Geschichte – oder besser gesagt die Geschichte, die ich aus den erhaltenen Informationen widersprüchlicher Natur zusammengesetzt habe. Was auch immer Sie daraus machen; ob Sie es mit dem Doktor erklären; oder ob Sie mit Professor Littlecherry , LL.D., FRS glauben, die Welt sei noch nicht vollständig erforscht und kartiert, die Tatsache bleibt bestehen, dass Malvina von der Bretagne verstorben ist. Für die jüngere Mrs. Raffleton , die in den Sussex Downs dumpfen, fernen Geräuschen lauschte, die ihr Herz höher schlagen ließen, und die gegenüber

Telegraphenjungen sehr nervös ist, sind bereits einige der Nachteile mit sich gebracht, die mit ihrem neuen Rang als Frau einhergehen. Und doch kommt man beim Blick in diese seltsamen, tiefen Augen zu dem Schluss, dass sie nichts an sich ändern würde, selbst wenn sie es jetzt könnte.

- 49 -

DIE STRAßE DER LEEREN WAND.

Edgware Road in eine nach Westen führende Straße abgebogen , deren Atmosphäre mich angesprochen hatte. Es war ein Ort mit stillen Häusern, die hinter kleinen Gärten standen. Auf den mit Stuck verzierten Torpfosten ließen sie die üblichen Namen aufdrucken . Die schwindende Dämmerung reichte gerade noch aus, um sie lesen zu können. Es gab eine Laburnum Villa und The Cedars und einen Cairngorm, der sich bis zur Höhe von drei Stockwerken erstreckte , mit einem merkwürdigen kleinen Türmchen, das sich an der Spitze verzweigte und mit einem konischen Dach gekrönt war, so dass es aussah, als trüge es ein Hexenhut. Vor allem, als zwei kleine Fenster direkt unter dem Dachvorsprung plötzlich ans Licht sprangen und einem das Gefühl gaben, als würden plötzlich zwei böse Augen auf einen aufblitzen.

Die Straße bog nach rechts ab und endete in einem offenen Raum, durch den ein Kanal unter einer niedrigen Bogenbrücke führte. Hinter ihren kleinen Gärten standen immer noch dieselben stillen Häuser, und ich beobachtete eine Weile, wie der Laternenanzünder die Form des Kanals erkannte, der sich knapp oberhalb der Brücke zu einem See mit einer Insel in der Mitte erweiterte. Danach muss ich im Kreis gewandert sein, denn später befand ich mich wieder an derselben Stelle, obwohl ich nicht glaube, dass ich auf meinem Weg an einem Dutzend Menschen vorbeigekommen bin; und dann machte ich mich an die Arbeit, um den Weg zurück nach Paddington zu finden.

Ich dachte, ich hätte den Weg genommen, den ich gekommen war, aber das Halbdunkel musste mich getäuscht haben. Nicht, dass es wichtig wäre. Sie hatten ein lauerndes Geheimnis, diese stillen Straßen mit ihrer Andeutung gedämpfter Bewegung hinter zugezogenen Vorhängen, von geflüsterten Stimmen hinter den dünnen Mauern. Gelegentlich ertönte ein Lachen, das plötzlich erstickt schien, und einmal der plötzliche Schrei eines Kindes.

Es war in einer kurzen Straße mit Doppelhaushälften vor einer hohen, leeren Mauer, als ich, als ich vorbeikam, sah, wie sich auf halber Höhe eine Jalousie bewegte und das Gesicht einer Frau enthüllte. Eine Gaslaterne, die einzige, die es auf der Straße gab, befand sich fast gegenüber. Zuerst dachte ich, es sei das Gesicht eines Mädchens, und als ich dann noch einmal hinsah, könnte es das Gesicht einer alten Frau gewesen sein. Man konnte die Färbung nicht erkennen . Auf jeden Fall hätte das kalte, blaue Gaslicht es blass wirken lassen.

Das bemerkenswerte Merkmal waren die Augen. Es könnte natürlich sein, dass sie allein das Licht einfingen und festhielten, wodurch sie unheimlich groß und strahlend wirkten. Oder es könnte sein, dass der Rest des Gesichts klein und zart war und in keinem Verhältnis zu ihnen stand.

Vielleicht hat sie mich gesehen, denn die Jalousie wurde wieder heruntergelassen und ich ging weiter.

Es gab keinen besonderen Grund dafür, aber der Vorfall blieb mir im Gedächtnis. Das plötzliche Hochfahren der Jalousien, als würde man den Vorhang eines kleinen Theaters betreten, das kaum möblierte Zimmer tauchte undeutlich in Sicht, und die Frau stand dort, nahe am Rampenlicht, wie es meiner Vorstellung nach schien. Und dann das plötzliche Herablassen des Vorhangs, bevor das Stück begonnen hatte. Ich bog an der Straßenecke ab. Die Jalousie war wieder hochgezogen, und ich sah wieder die schlanke, mädchenhafte Gestalt, die sich vor den Seitenscheiben des Erkerfensters abzeichnete.

Im selben Moment prallte ein Mann gegen mich. Es war nicht seine Schuld. Ich hatte abrupt angehalten und ihm keine Zeit gelassen, mir auszuweichen. Wir entschuldigten uns beide und gaben der Dunkelheit die Schuld. Vielleicht war es meine Einbildung, aber ich hatte das Gefühl, dass er sich umgedreht hatte und mir folgte, anstatt weiterzugehen. Ich wartete bis zur nächsten Kurve und drehte mich dann auf dem Absatz um. Doch von ihm war nichts zu sehen, und nach einer Weile befand ich mich wieder in der Edgware Road.

Ein- oder zweimal suchte ich in müßiger Stimmung erneut die Straße auf, aber ohne Erfolg; und das Ding wäre vermutlich aus meiner Erinnerung verschwunden, wenn ich nicht eines Abends auf dem Heimweg von Paddington der Frau in der Harrow Road begegnet wäre. Es gab keinen Zweifel an ihr. Sie berührte mich fast, als sie aus einem Fischladen kam, und am Anfang folgte ich ihr unbewusst. Diesmal fielen mir die Abzweigungen auf, und nach fünf Minuten Fußmarsch gelangten wir auf die Straße. Ein halbes Dutzend Mal muss ich bis zu hundert Meter davon entfernt gewesen sein. Ich blieb an der Ecke stehen. Sie hatte mich nicht bemerkt, und gerade als sie das Haus erreichte, kam ein Mann aus dem Schatten hinter dem Laternenpfahl und gesellte sich zu ihr.

Ich sollte an diesem Abend zu einem Junggesellentreffen kommen, und nach dem Abendessen, als ich die Angelegenheit noch frisch im Kopf hatte, redete ich darüber. Ich bin mir nicht sicher, aber ich glaube, es stand im Zusammenhang mit einer Diskussion über Maeterlinck. Es war das plötzliche Hochziehen der Jalousie, das mich erwischt hatte. Als ob ich in ein leeres Theater gestolpert wäre, hätte ich einen flüchtigen Blick auf ein Drama erhascht, das heimlich gespielt wurde. Wir gingen zu anderen Themen über, und als ich ging, fragte mich ein Mitgast, in welche Richtung ich gehe. Ich sagte es ihm, und da es eine schöne Nacht war, schlug er vor, dass wir gemeinsam spazieren gehen sollten. Und in der Stille der Harley Street gestand er, dass sein Wunsch nicht ganz dem Vergnügen meiner Gesellschaft entsprochen hatte.

„Es ist ziemlich merkwürdig", sagte er, „aber heute fiel mir plötzlich ein Fall ein, über den ich fast elf Jahre lang keinen Gedanken verschwendet hatte. Und jetzt kommt noch Ihre Beschreibung des Gesichts dieser Frau." Ich frage mich, ob es dasselbe sein kann.

„Es waren die Augen", sagte ich, „die mir so bemerkenswert vorkamen."

„Es waren die Augen, an die ich mich hauptsächlich an sie erinnere", antwortete er. „Würden Sie die Straße wieder kennen?"

Wir gingen eine Weile schweigend weiter.

„Es mag Ihnen vielleicht seltsam vorkommen", antwortete ich, „aber es würde mich beunruhigen, wenn ich daran denken würde, dass ihr durch mich etwas zustoßen könnte. Was war der Fall?"

„In diesem Punkt können Sie sich ganz sicher sein", versicherte er mir. „Ich war ihr Berater – sofern es sich um dieselbe Frau handelt. Wie war sie gekleidet?"

Ich konnte den Grund für seine Frage nicht erkennen. Er konnte kaum erwarten, dass sie die Kleidung von vor elf Jahren tragen würde.

„Ich glaube nicht, dass ich es bemerkt habe", antwortete ich. „Eine Art Bluse, nehme ich an." Und dann erinnerte ich mich. „Ah ja, da war etwas Ungewöhnliches", fügte ich hinzu. „Es sah aus wie ein ungewöhnlich breites Samtband um ihren Hals."

„Das dachte ich mir", sagte er. „Ja. Es muss dasselbe sein."

Wir hatten die Marylebone Road erreicht, wo sich unsere Wege trennten.

„Ich werde Sie morgen Nachmittag aufsuchen, wenn ich darf", sagte er. „Vielleicht machen wir einen gemeinsamen Spaziergang."

Er besuchte mich gegen halb sechs, und wir erreichten die Straße, als gerade die einzige Gaslaterne angezündet worden war. Ich zeigte ihm das Haus, und er ging hinüber und sah sich die Nummer an.

„Ganz richtig", sagte er, als er zurückkam. „Ich habe mich heute Morgen erkundigt. Sie wurde vor sechs Wochen mit einer Urlaubskarte entlassen."

Er nahm meinen Arm.

„Es hat keinen Sinn, hier herumzuhängen", sagte er. „Die Jalousien gehen heute Abend nicht hoch. Eine ziemlich kluge Idee, ein Haus direkt gegenüber einem Laternenpfahl auszuwählen."

Er hatte an diesem Abend eine Verlobung; aber später erzählte er mir die Geschichte – soweit er sie damals wusste.

Es war in den Anfängen der Gartenvorstadtbewegung. Einer der ersten ausgewählten Standorte lag abseits der Finchley Road. Der Platz befand sich im Gebäude, und in einer der Straßen – Laleham Gardens – befanden sich nur etwa ein halbes Dutzend Häuser, alle bis auf eines unbewohnt. Es war ein einsamer, lockerer Teil des Vorortes, der plötzlich in offenen Feldern endete. Vom unvollendeten Ende der Straße aus fiel das Gelände etwas steil zu einem Teich ab, und dahinter begann ein kleiner Wald. Das einzige bewohnte Haus war von einem jungen Ehepaar namens Hepworth gekauft worden.

Der Ehemann war ein gutaussehender, angenehmer junger Kerl. Da er glattrasiert war, war sein genaues Alter schwer zu beurteilen. Es war ganz offensichtlich, dass die Frau kaum mehr als ein Mädchen war. An dem Mann lag ein Hauch von Schwäche. Zumindest war das der Eindruck, den der Immobilienmakler im Kopf hinterließ. Heute würde er entscheiden, und morgen würde er seine Meinung ändern. Jetson, der Agent, hatte die Hoffnung auf einen Deal fast aufgegeben. Am Ende war es Frau Hepworth, die die Angelegenheit selbst in die Hand nahm und sich für das Haus in Laleham Gardens entschied. Der junge Hepworth bemängelte es wegen seiner Isolation. Er selbst war oft tagelang beruflich unterwegs und befürchtete, sie könnte nervös werden. Er war in diesem Punkt sehr hartnäckig gewesen; aber in geflüsterten Gesprächen hatte sie ihn von seinem Einwand abbringen können. Es war eines dieser hübschen, schicken kleinen Häuser; und es schien ihr gefallen zu haben. Darüber hinaus liege es ihrer Argumentation zufolge gerade noch im Rahmen ihrer Möglichkeiten, was bei keinem der anderen der Fall sei. Der junge Hepworth hat vielleicht die üblichen Hinweise gegeben, aber wenn ja, wurden sie nie aufgegriffen. Das Haus wurde zu den üblichen Konditionen des Unternehmens verkauft. Die Kaution wurde per Scheck bezahlt, der ordnungsgemäß eingelöst wurde, und das Haus selbst diente als Sicherheit für den Rest. Der Anwalt des Unternehmens vertrat mit Zustimmung von Hepworth beide Parteien.

Es war Anfang Juni, als die Hepworths einzogen. Sie richteten nur ein Schlafzimmer ein; und hatte keine Dienerin; eine Putzfrau kam jeden Morgen herein und ging gegen sechs Uhr abends weg. Jetson war ihr nächster Nachbar . Seine Frau und seine Töchter besuchten sie und gaben zu, dass sie Gefallen an ihnen gefunden hatten. Tatsächlich scheint zwischen einem der

Jetson-Mädchen, dem jüngsten, und Mrs. Hepworth eine enge Freundschaft entstanden zu sein. Der junge Hepworth, der Ehemann, war immer charmant und gab sich offensichtlich große Mühe, sympathisch zu sein. Aber ihm gegenüber hatten sie das Gefühl, dass er sich nie ganz wohl fühlte. Sie beschrieben ihn – obwohl das natürlich nachträglich geschah –, dass er bei ihnen den Eindruck eines heimgesuchten Mannes hinterlassen habe.

Es gab einen besonderen Anlass. Es war ungefähr zehn Uhr. Die Jetsons hatten den Abend bei den Hepworths verbracht und wollten gerade gehen, als es plötzlich und deutlich an der Tür klopfte. Es stellte sich heraus, dass es sich um Jetsons Vorarbeiter handelte, der am frühen Morgen mit dem Zug abreisen musste und festgestellt hatte, dass er weitere Anweisungen benötigte. Aber die Angst in Hepworths Gesicht war unverkennbar. Er hatte seiner Frau einen fast verzweifelten Blick zugewandt; und den Jetsons war es so vorgekommen – oder als sie später darüber gesprochen hatten, hätten sie einander vielleicht die Idee vorgeschlagen –, als ob in ihren Augen ein Aufblitzen der Verachtung aufleuchtete, der jedoch im nächsten Augenblick einem Ausdruck des Mitleids wich. Sie war aufgestanden und hatte bereits einige Schritte zur Tür gemacht, als der junge Hepworth sie aufhielt und selbst hinausging. Aber das Merkwürdige war, dass Hepworth laut Aussage des Vorarbeiters nie die Vordertür öffnete, sondern heimlich von hinten auf ihn zukam. Er muss hinten rausgeschlüpft sein und um das Haus herumgeschlichen sein.

Der Vorfall hatte die Jetsons verwirrt, vor allem der unfreiwillige Anflug von Verachtung, der in Mrs. Hepworths Augen geschossen war. Sie schien ihren Mann immer zu vergöttern und, wenn möglich, diejenige zu sein, die den anderen am meisten liebte. Sie hatten außer den Jetsons keine Freunde oder Bekannten. Niemand sonst unter ihren Nachbarn hatte sich die Mühe gemacht, sie zu besuchen, und soweit bekannt war, war noch nie ein Fremder in der Vorstadt in Laleham Gardens gesehen worden.

Bis eines Abends kurz vor Weihnachten.

Jetson war auf dem Heimweg von seinem Büro in der Finchley Road. Den ganzen Tag über hing Nebel, der sich mit Einbruch der Dunkelheit in einen weißlichen Nebel verwandelte. Kurz nachdem er die Finchley Road verlassen hatte, bemerkte Jetson vor sich einen Mann, der einen langen, gelben Regenmantel und eine Art weichen Filzhut trug. Er brachte Jetson auf die Idee, Seemann zu werden; Möglicherweise handelte es sich lediglich um den steifen, brauchbaren Regenmantel. An der Ecke von Laleham Gardens drehte sich der Mann um und warf einen Blick auf den Namen am Laternenpfahl, sodass Jetson ihn gut sehen konnte. Offensichtlich war es die Straße, nach der er suchte. Jetson war etwas neugierig, da das Haus der Hepworths immer noch das einzige bewohnte Haus war, blieb an der Ecke stehen und schaute zu. Das Haus der Hepworths war natürlich das einzige auf der Straße, das Licht zeigte. Als der Mann zum Tor kam, zündete er ein Streichholz an, um die Nummer abzulesen. Zufrieden, dass es das Haus war, das er wollte, stieß er das Tor auf und ging den Weg hinauf.

Doch anstatt die Klingel oder den Klopfer zu benutzen, hörte Jetson zu seiner Überraschung, wie er dreimal mit seinem Stock an die Tür klopfte. Es kam keine Antwort, und Jetson, dessen Interesse nun völlig geweckt war, ging in die andere Ecke, von wo aus er eine bessere Sicht hatte. Zweimal wiederholte der Mann sein dreimaliges Klopfen an der Tür, jedes Mal etwas lauter, und beim dritten Mal wurde die Tür geöffnet. Jetson konnte nicht sagen, von wem und von wem auch immer es dahinter gehalten wurde.

Er konnte gerade noch eine Wand des Durchgangs sehen, mit einem Paar alter Marine-Entenmesser über dem Bild eines Dreimastschoners, von dem er wusste, dass es dort hing. Die Tür wurde gerade weit genug geöffnet, und der Mann schlüpfte hinein, und die Tür wurde hinter ihm geschlossen. Jetson hatte sich gerade umgedreht, um seinen Weg fortzusetzen, als ihn die Lust ergriff, einen Blick zurück zu werfen. Das Haus lag in völliger Dunkelheit, obwohl einen Moment bevor Jetson sicher war, im Fenster im Erdgeschoss Licht gebrannt hatte.

Im Nachhinein klang das alles sehr wichtig, aber zu diesem Zeitpunkt gab es für Jetson nichts, was auf etwas Außergewöhnliches hindeutete. Da sich sechs Monate lang kein Freund oder Verwandter gemeldet hatte, um sie zu sehen, war das kein Grund, warum man das nie tun sollte. Im Nebel hielt es ein Fremder möglicherweise für einfacher, mit seinem Stock an die Tür zu klopfen, als nach einer Glocke zu suchen. Die Hepworths lebten hauptsächlich im Hinterzimmer. Möglicherweise wurde das Licht im Wohnzimmer aus Spargründen ausgeschaltet. Jetson schilderte den Vorfall, als er zu Hause ankam, nicht als etwas Bemerkenswertes, sondern als ob man einen Klatsch erwähnte. Die einzige, die der Affäre offenbar irgendeine Bedeutung beimaß, war Jetsons jüngste Tochter, damals ein achtzehnjähriges Mädchen. Sie stellte ein oder zwei Fragen über den Mann und schlüpfte im Laufe des Abends alleine hinaus und rannte zu den Hepworths . Sie fand das Haus leer vor. Jedenfalls konnte sie keine Antwort erhalten, und der Ort schien ihr vorn und hinten unheimlich still zu sein.

Jetson rief am nächsten Morgen an, da ihm die Unruhe seiner Tochter deutlich geworden war. Mrs. Hepworth selbst öffnete ihm die Tür. In seiner Aussage im Prozess gab Jetson zu, dass ihr Erscheinen ihn erschreckt hatte. Sie schien seinen Fragen zuvorgekommen zu sein, indem sie sofort erklärte, dass sie unangenehme Nachrichten erhalten habe und sich die ganze Nacht darüber Gedanken gemacht habe. Ihr Mann war plötzlich nach Amerika abberufen worden, wo sie so schnell wie möglich nachkommen musste. Sie würde später am Tag in Jetsons Büro vorbeikommen, um Vorkehrungen für die Beseitigung des Hauses und der Möbel zu treffen.

Die Geschichte schien den Besuch des Fremden einigermaßen zu erklären, und Jetson drückte sein Mitgefühl aus und versprach jede Hilfe in seiner Macht und setzte seinen Weg ins Büro fort. Sie rief am Nachmittag an und überreichte ihm die Schlüssel, wobei sie einen für sich behielt. Sie wünschte, dass die Möbel versteigert würden, und er sollte fast jedes Angebot für das Haus annehmen. Sie würde versuchen, ihn vor der Abreise wiederzusehen; wenn nicht, würde sie ihm mit ihrer Adresse schreiben. Sie war vollkommen cool und gefasst. Sie hatte seine Frau und seine Töchter am Nachmittag besucht und ihnen Lebewohl gewünscht.

Vor Jetsons Büro rief sie ein Taxi und fuhr damit nach Laleham Gardens zurück, um ihre Kartons abzuholen. Als Jetson sie das nächste Mal sah, saß sie auf der Anklagebank und wurde beschuldigt, an der Ermordung ihres Mannes beteiligt gewesen zu sein.

Die Leiche war in einem Teich etwa hundert Meter vom unvollendeten Ende der Laleham Gardens entfernt entdeckt worden. Auf einem Nachbargrundstück wurde gerade ein Haus gebaut , und ein Arbeiter hatte beim Eintauchen eines Eimers Wasser seine Uhr hineingeworfen. Er und sein Kumpel hatten mit einem Rechen herumgewirbelt und zerrissene Kleidungsstücke herausgeholt, und das hatte natürlich dazu geführt, dass der Teich ordentlich geschleppt wurde. Andernfalls wäre die Entdeckung möglicherweise nie gemacht worden.

Der Körper, schwer beladen mit mehreren Eiseneisen, die mit einer Kette und einem Vorhängeschloss daran befestigt waren, war tief in den weichen Schlamm eingesunken und hätte dort bleiben können, bis er verfaulte. Eine wertvolle goldene Repetition, von der sich Jetson erinnerte, dass der junge Hepworth ihm erzählt hatte, sie sei ein Geschenk für seinen Vater gewesen, befand sich in ihrer üblichen Tasche, und ein Cameo-Ring, den Hepworth immer an seinem Mittelfinger getragen hatte, wurde ebenfalls aus dem Schlamm gefischt. Offensichtlich gehörte der Mord zur Kategorie der Passionskriminalität . Die Theorie der Anklage war, dass sie von einem Mann begangen worden war, der vor ihrer Heirat Mrs. Hepworths Liebhaber gewesen war.

Die Beweise, im Gegensatz zum fast spirituell schönen Gesicht der Frau auf der Anklagebank, überraschten alle vor Gericht. Ursprünglich mit einer englischen Zirkustruppe auf Tournee in Holland verbunden, scheint sie im Alter von etwa siebzehn Jahren als „Lieder- und Tanzkünstlerin" in einem besonders zwielichtigen Café-Gesang in Rotterdam engagiert worden zu sein, das hauptsächlich von Seeleuten besucht wird. Von dort nahm sie ein Mann, ein englischer Seemann namens Charlie Martin, mit, und einige Monate lang lebte sie mit ihm in einem kleinen Gutshof auf der anderen Seite des Flusses. Später verließen sie Rotterdam und kamen nach London, wo sie in Poplar, in der Nähe der Docks, Unterkunft fanden.

Von dieser Adresse in Poplar aus hatte sie etwa zehn Monate vor dem Mord den jungen Hepworth geheiratet. Was aus Martin geworden war, war nicht bekannt. Die natürliche Annahme war, dass er, nachdem sein Geld aufgebraucht war, zu seinem Beruf zurückgekehrt war, obwohl sein Name aus irgendeinem Grund auf keiner Schiffsliste zu finden war.

Dass er ein und derselbe war wie der Mann, den Jetson beobachtet hatte, bis sich die Tür des Hauses der Hepworths vor ihm geschlossen hatte, daran konnte kein Zweifel bestehen. Jetson beschrieb ihn als einen stämmigen, gutaussehenden Mann mit rötlichem Bart und Schnurrbart. Früher am Tag war er in Hampstead gesehen worden, wo er in einem kleinen Café in der High Street gegessen hatte. Auch das Mädchen, das ihn bedient hatte, war von den kühnen, durchdringenden Augen und dem lockigen roten Bart beeindruckt. Es war eine freie Zeit gewesen, zwischen zwei und drei, als er dort zu Abend gegessen hatte, und das Mädchen gab zu, dass sie ihn als einen „gutmütigen Gentleman" empfunden hatte und „neigte, fröhlich zu sein". Er hatte ihr erzählt, dass er erst vor drei Tagen in England angekommen war und dass er hoffte, an diesem Abend seine Liebste wiederzusehen. Er hatte die Worte mit einem Lachen begleitet, und das Mädchen dachte – obwohl dies natürlich nur eine nachträgliche Andeutung gewesen sein könnte –, dass dem Lachen ein hässlicher Blick folgte.

Man kann sich vorstellen, dass die Rückkehr dieses Mannes die Angst war, die den jungen Hepworth ständig verfolgte. Das dreimalige Klopfen an der Tür, so die Ansicht der Staatsanwaltschaft, sei ein vorher vereinbartes oder verstandenes Signal gewesen, und die Tür sei von der Frau geöffnet worden. Ob der Mann im Haus war oder ob man auf ihn wartete, konnte nicht gesagt werden. Er war durch eine Kugel getötet worden, die durch den Nacken eindrang; Der Mann war offensichtlich vorbereitet.

Zwischen dem Mord und dem Fund der Leiche waren zehn Tage vergangen, und der Mann wurde nie aufgespürt. Ein Postbote hatte ihn gegen halb zehn aus der Nähe von Laleham Gardens getroffen. Im Nebel wären sie fast aneinandergeprallt, und der Mann hatte sofort sein Gesicht abgewandt.

An dem weichen Filzhut gab es nichts, was die Aufmerksamkeit erregte, aber der lange, steife gelbe Regenmantel war ziemlich ungewöhnlich. Der Postbote hatte das Gesicht nur kurz gesehen, war sich aber sicher, dass es glatt rasiert war. Vor Gericht sorgte das zunächst für Aufsehen, allerdings nur bis zur Einberufung des nächsten Zeugen. Die Putzfrau, die normalerweise bei den Hepworths beschäftigt war , war am Morgen von Mrs. Hepworths Abreise nicht ins Haus gelassen worden. Mrs. Hepworth hatte sie an der Tür empfangen und ihr als Kündigungsfrist ein Wochengeld gezahlt und ihr erklärt, dass sie nicht mehr gesucht werde. Jetson, der glaubte, dass es vielleicht besser wäre, das Haus möbliert zu lassen, hatte diese Frau holen lassen und sie angewiesen, das Haus gründlich zu reinigen. Als sie mit Kehrschaufel und Besen den Teppich im Esszimmer fegte, hatte sie eine Reihe kurzer roter Haare entdeckt. Bevor der Mann das Haus verließ, hatte er sich rasiert.

Dass er den langen, gelben Regenmantel immer noch behalten hatte, lag möglicherweise an der Idee, einen falschen Hinweis zu geben. Nachdem es seinen Zweck erfüllt hatte, konnte es entsorgt werden. Der Bart wäre nicht so einfach gewesen. Welchen Umweg er genommen haben mag, kann man nicht sagen, aber es muss irgendwann in der Nacht oder am frühen Morgen gewesen sein, als er das Büro des jungen Hepworth in der Fenchurch Street erreichte. Mrs. Hepworth hatte ihm offenbar den Schlüssel gegeben.

Dort scheint er Hut und Regenjacke versteckt und dafür einige Kleidungsstücke des Ermordeten mitgenommen zu haben. Hepworths Angestellter Ellenby , ein älterer Mann – von der Art, die man allgemein als Gentleman-Aussehen bezeichnet – war es gewohnt, dass sein Herr unerwartet auf einer Geschäftsreise war, nämlich der eines Schiffsausrüsters. Er hielt im Büro immer einen Mantel und eine Tasche gepackt bereit. Ellenby hatte sie vermisst und angenommen, sein Herr sei von einem frühen Zug abgerufen worden. Nach ein paar Tagen hätte er sich Sorgen gemacht, wenn er nicht – wie er damals von seinem Herrn vermutete – ein Telegramm erhalten hatte, in dem ihm mitgeteilt wurde, dass der junge Hepworth nach Irland gegangen sei und einige Tage wegbleiben würde. Es war nichts Ungewöhnliches, dass Hepworth jeweils zwei Wochen lang abwesend war und die Einrichtung eines Schiffes überwachte, und im Büro war nichts vorgefallen, was besondere Anweisungen erfordert hätte. Das Telegramm war in Charing Cross abgegeben worden, aber die gewählte Zeit war eine geschäftige Zeit des Tages gewesen, und niemand konnte sich an den Absender erinnern. Hepworths Angestellter identifizierte die Leiche ohne zu zögern als die seines Arbeitgebers, für den er offensichtlich ein Gefühl der Zuneigung hegte. Über Mrs. Hepworth sagte er so wenig wie er konnte. Während sie auf ihren Prozess wartete, musste er sie ein- oder zweimal wegen der Angelegenheit sehen. Zuvor wusste er nichts über sie.

Die Haltung der Frau selbst während des Prozesses war völlig unerklärlich gewesen. Abgesehen davon, dass sie dem formellen Plädoyer „nicht schuldig" zugestimmt hatte, hatte sie keinen Versuch unternommen, sich zu verteidigen. Die geringe Unterstützung, die ihre Anwälte erhalten hatten, war ihnen nicht von der Frau selbst, sondern von Hepworths Schreiber zuteil geworden, mehr um seines toten Herrn willen als aus Mitleid mit der Frau. Sie selbst wirkte völlig gleichgültig. Nur ein einziges Mal war sie in eine vorübergehende Emotion verfallen. Damals drängten ihre Anwälte sie geradezu wütend, ihnen einige Einzelheiten zu einem Punkt mitzuteilen , von dem sie glaubten, dass er für ihren Fall hilfreich sein könnte.

"Er ist tot!" sie hatte beinahe jubelnd aufgeschrien. „Tot! Tot! Was zählt sonst noch?"

Im nächsten Moment hatte sie sich für ihren Ausbruch entschuldigt .

„Nichts kann etwas Gutes tun", hatte sie gesagt. „Lass die Sache ihren Lauf nehmen."

Es war die erstaunliche Gleichgültigkeit der Frau, die sowohl beim Richter als auch bei der Jury gegen sie aussprach. Das Rasieren im Esszimmer, der Körper des Ermordeten war noch nicht erkaltet! Es muss mit Hepworths Rasierapparat geschehen sein. Sie muss es ihm gebracht haben, einen Spiegel für ihn gefunden haben, ihm Wasser und Seife und ein Handtuch gebracht und anschließend alle Spuren entfernt haben. Bis auf die paar roten Haare, die unbemerkt am Teppich hängengeblieben waren. Dieses Nest aus Bügeleisen, mit dem der Körper belastet wurde! Sie musste es gewesen sein, die an sie gedacht hatte. Auf diese Idee wäre ein Mann nie gekommen. Die Kette und das Vorhängeschloss, mit denen man sie befestigen kann. Sie konnte nur wissen, dass sich solche Dinge im Haus befanden. Sie muss es gewesen sein, die den Kleidertausch in Hepworths Büro geplant und ihm den Schlüssel gegeben hatte. Sie musste es gewesen sein, die an den Teich gedacht hatte, als sie die Tür aufhielt, während der Mann unter seiner schrecklichen Last hinaustaumelte; wartete, hielt Wache und lauschte, um das Plätschern zu hören.

Offensichtlich hatte sie die Absicht gehabt, mit dem Mörder zu verschwinden – mit ihm zusammenzuleben! Diese Geschichte über Amerika. Wenn alles gut gegangen wäre, wäre alles erklärt worden. Nachdem sie Laleham Gardens verlassen hatte, hatte sie sich unter dem Namen Howard in einem kleinen Haus in Kentish Town niedergelassen und sich als Chorsängerin ausgegeben, während ihr Mann als Schauspieler auf Tournee war. Um die Sache plausibel zu machen, hatte sie eine Anstellung in einer der Pantomimen gefunden. Sie hatte keinen Moment lang den Kopf verloren. Noch nie hatte jemand ihre Unterkunft besucht, und es waren keine Briefe für sie eingetroffen. Jede Stunde ihres Tages konnte berücksichtigt werden. Ihre Pläne müssen an der Leiche ihres ermordeten Mannes ausgearbeitet worden sein . Sie wurde der „nachträglichen Beihilfe" für schuldig befunden und zu fünfzehn Jahren Zuchthaus verurteilt.

Das brachte die Geschichte auf die Zeit vor elf Jahren. Nach dem Prozess war mein Freund wider Willen interessiert und hatte einige weitere Einzelheiten herausgefunden. Nachforschungen in Liverpool hatten ihm die Information verschafft, dass Hepworths Vater, ein kleiner Reeder, wohlbekannt und hoch angesehen gewesen war. Als er starb, etwa drei Jahre vor dem Mord, wurde er aus dem Geschäft zurückgezogen. Seine Frau hatte ihn nur wenige Monate überlebt. Außer Michael, dem ermordeten Sohn, gab es zwei weitere Kinder – einen älteren Bruder, der vermutlich in eine der Kolonien gegangen war, und eine Schwester, die einen französischen Marineoffizier geheiratet hatte. Entweder hatten sie nichts von dem Fall gehört oder wollten nicht, dass ihre Namen in den Fall hineingezogen werden. Der junge Michael hatte sein Leben als Architekt begonnen und es hätte ihm angeblich gut gehen sollen, aber nach dem Tod seiner Eltern war er aus der Nachbarschaft verschwunden und bis zum Prozess erfuhr keiner seiner Bekannten im Norden, was aus ihm geworden war .

Aber eine weitere Erkenntnis, die die Nachforschungen meines Freundes hervorgebracht hatten, hatte ihn etwas verwirrt. Hepworths Angestellte, Ellenby , war die vertrauliche Angestellte von Hepworths Vater gewesen! Er war als Junge in den Dienst der Firma eingetreten; und als Hepworth senior in den Ruhestand ging, hatte Ellenby – mit der Unterstützung des alten Herrn – begonnen, sich als Schiffsausstatter selbstständig zu machen! Von alledem kam im Prozess nichts heraus. Ellenby war nicht ins Kreuzverhör genommen worden. Es bestand keine Notwendigkeit dafür. Aber unter allen Umständen schien es seltsam, dass er die Informationen nicht freiwillig preisgegeben hatte. Es kann natürlich auch um des Bruders und der Schwester willen geschehen sein. Hepworth ist im Norden ein gebräuchlicher Name. Möglicherweise hoffte er, die Familie aus dem Fall herauszuhalten.

Über die Frau konnte meine Freundin nichts weiter erfahren, als dass sie sich in ihrem Vertrag mit dem Varieté-Agenten in Rotterdam als Tochter eines englischen Musikers beschrieben und angegeben hatte, dass ihre beiden Eltern tot seien. Sie mag sich darauf eingelassen haben, ohne den Charakter des Saals zu kennen, und der Mann, Charlie Martin, mit seinem hübschen Gesicht und seinem angenehmen Seemannsstil, und zumindest ein Engländer, schien ihr ein willkommener Zufluchtsort zu sein.

Möglicherweise liebte sie ihn leidenschaftlich, und der junge Hepworth – verrückt nach ihr, denn sie war schön genug, um jedem Mann den Kopf zu verdrehen – könnte sie in Martins Abwesenheit angelogen und ihr gesagt haben, er sei tot – Gott weiß was! –, um sie zu überreden sie, ihn zu heiraten. Der Mord kam ihr möglicherweise wie eine Art grausame Gerechtigkeit vor.

Aber trotzdem war ihre kaltblütige Gefühllosigkeit sicherlich ungewöhnlich! Sie hatte ihn geheiratet und fast ein Jahr mit ihm zusammengelebt. Auf die Jetsons hatte sie den Eindruck gemacht, eine Frau zu sein, die tief in ihren Mann verliebt war. Es konnte nicht nur eine Tag für Tag aufrechterhaltene Schauspielerei gewesen sein.

„Da war noch etwas anderes." Wir besprachen den Fall im Zimmer meines Freundes. Sein Auftrag von vor elf Jahren lag offen vor ihm. Er ging mit den Händen in den Taschen auf und ab und dachte nach, während er redete. „Etwas, das nie ans Licht kam. In dem Moment, als das Urteil über sie verkündet wurde, gab sie mir ein merkwürdiges Gefühl. Es war, als hätte sie gesiegt, anstatt verurteilt zu werden. Schauspiel! Wenn sie während des Prozesses gehandelt hätte, so getan hätte." Reue, sogar Mitleid, ich hätte sie mit fünf Jahren davonkommen lassen. Sie schien nicht in der Lage zu sein, die absolute körperliche Erleichterung zu verbergen, die sie bei dem Gedanken empfand, dass er tot war und dass seine Hand sie nie wieder berühren würde. Da musste etwas gewesen sein das war ihr plötzlich offenbart worden, etwas, das ihre Liebe in Hass verwandelt hatte.

„Der Mann muss auch etwas Feines an sich haben." Das war ein weiterer Vorschlag, der ihm kam, als er aus dem Fenster auf den Fluss starrte. „Sie ist bezahlt und hat ihre Quittung, aber er wird immer noch gesucht." Er riskiert jeden Abend seinen Hals, wenn er darauf wartet, dass die Jalousien hochgehen.

Sein Gedanke nahm eine andere Wendung.

„Aber wie hätte er sie diese zehn Jahre lebenden Sterbens überstehen lassen können, während er ungeschoren durch die Straßen ging? Irgendwann während des Prozesses – die Beweise häuften sich Tag für Tag gegen sie – warum hat er sich zumindest nicht gemeldet? neben ihr stehen? Sich hängen lassen, und sei es nur aus reinem Anstand?"

Er setzte sich, nahm die Akte in die Hand, ohne sie anzusehen.

„Oder war das die Belohnung, die sie verlangte? Dass er warten und die einzige Hoffnung am Leben erhalten sollte, die ihr das Leiden ermöglichen würde? Ja", fuhr er nachdenklich fort, „ich kann mir vorstellen, dass ein Mann, dem eine Frau am Herzen liegt, das annimmt." als seine Strafe."

wieder erwacht war, schien er nicht in der Lage zu sein, ihn aus seinen Gedanken zu verbannen. Seit unserem gemeinsamen Besuch war ich ein- oder zweimal allein durch die Straße gegangen und hatte beim letzten Mal wieder gesehen, wie die Jalousien hochgezogen wurden. Es war besessen von ihm – der Wunsch, dem Mann von Angesicht zu Angesicht zu begegnen. Er empfing ihn als einen gutaussehenden, mutigen, herrschaftlichen Mann.

Aber es muss noch mehr dahinter stecken, dass eine solche Frau ihre Seele
– fast, könnte man sagen – für ihn verkauft hat.

Es gab nur eine Chance auf Erfolg. Jedes Mal war er aus Richtung der
Edgware Road gekommen. Indem man sich am anderen Ende der Straße
außer Sichtweite aufhielt und aufpasste, bis man die Straße betrat, konnte
man sich darauf einstellen, ihn direkt unter der Laterne zu treffen. Es wäre
unwahrscheinlich, dass er sich umdrehen und zurückgehen würde; das würde
bedeuten, sich selbst zu verraten. Er würde sich wahrscheinlich damit
begnügen, so zu tun, als wäre er wie wir, einfach durchzueilen und seinerseits
zuzusehen, bis wir verschwunden waren.

Das Glück schien geneigt zu sein, uns zu begünstigen . Ungefähr zur
üblichen Zeit wurde die Jalousie sanft hochgezogen, und sehr bald darauf
kam die Gestalt eines Mannes um die Ecke. Ein paar Sekunden später
betraten wir selbst die Straße und es schien, als würden wir ihm, wie geplant,
im Gaslicht von Angesicht zu Angesicht gegenüberstehen. Er kam gebückt
und mit gesenktem Kopf auf uns zu. Wir erwarteten, dass er am Haus
vorbeiging. Zu unserer Überraschung blieb er stehen, als er dort ankam, und
stieß das Tor auf. Im nächsten Moment hätten wir jede Chance verloren,
außer seinem gebeugten Rücken noch etwas von ihm zu sehen. Mit ein paar
Schritten war mein Freund hinter ihm. Er legte dem Mann seine Hand auf
die Schulter und zwang ihn, sich umzudrehen. Es war ein altes, faltiges
Gesicht mit sanften, eher tränenden Augen.

Wir waren beide so verblüfft, dass wir einen Moment lang nichts sagen
konnten. Mein Freund entschuldigte sich stotternd, weil er sich im Haus
geirrt hatte, und gesellte sich wieder zu mir. An der Ecke brachen wir fast
gleichzeitig in Gelächter aus. Und dann blieb mein Freund plötzlich stehen
und starrte mich an.

„Hepworths alter Angestellter!“ er sagte. „ Ellenby !“

Es kam ihm ungeheuerlich vor. Der Mann war mehr als ein
Angestellter gewesen. Die Familie hatte ihn wie einen Freund behandelt.
Hepworths Vater hatte ihm ein Unternehmen aufgebaut. Zu dem
ermordeten Jungen hatte er eine aufrichtige Zuneigung gehabt; er hatte ihnen
allen diese Überzeugung hinterlassen. Was hatte das zu bedeuten?

Auf dem Kaminsims lag ein Verzeichnis. Es war am nächsten
Nachmittag. Ich hatte ihn in seinen Gemächern aufgesucht. Es war nur eine
Idee, die mir kam. Ich ging hinüber und öffnete es, und da stand sein Name:
„ Ellenby and Co., Ships' Furnishers“, in einem Hof vor den Minories .

Hat er ihr um seines toten Herrn willen geholfen und versucht, sie von dem Mann wegzubringen? Aber warum? Die Frau hatte daneben gestanden und zugesehen, wie der Junge ermordet wurde. Wie konnte er es ertragen, sie noch einmal anzusehen?

Es sei denn, es hätte etwas gegeben, das nicht ans Tageslicht gekommen war – etwas, das er später erfahren hatte –, das selbst ihre monströse Gefühllosigkeit entschuldigte.

Doch was könnte da sein? Es war alles so geplant und so kaltblütig gewesen. Das Rasieren im Esszimmer! Das schien ihm am meisten im Halse stecken zu bleiben. Sie muss ihm einen Spiegel heruntergebracht haben; es war keiner im Zimmer. Warum konnte er nicht nach oben ins Badezimmer gehen, wo Hepworth sich immer rasierte und wo er alles gefunden hätte, was er in der Hand hatte?

Er war im Raum herumgelaufen und hatte unzusammenhängend geredet, während er auf und ab ging, und plötzlich blieb er stehen und sah mich an.

„Warum im Esszimmer?" er verlangte von mir.

Er klimperte mit ein paar Schlüsseln in seiner Tasche. Es war eine Gewohnheit von ihm, wenn er im Kreuzverhör war, und ich hatte das Gefühl, als ob ich es irgendwie wüsste; und ohne nachzudenken – so kam es mir vor – antwortete ich ihm.

„Vielleicht", sagte ich, „war es einfacher, ein Rasiermesser herunterzubringen, als einen Toten hinaufzutragen."

Er lehnte sich mit den Armen über den Tisch und seine Augen glitzerten vor Aufregung.

„Kannst du es nicht sehen?" er sagte. „Dieses kleine Hinterzimmer mit seinen pingeligen Verzierungen. Die drei standen um den Tisch herum, Hepworths Hände klammerten sich nervös an einen Stuhl. Die Vorwürfe, die Verspottungen, die Drohungen. Der junge Hepworth – er kam allen wie ein schwacher Mann vor, ein Mann, der körperliche Angst hatte." – weiß, stotternd, nicht wissend, wohin sie schauen soll. Die Augen der Frau wechseln von einem zum anderen. Wieder dieser Anflug von Verachtung – sie konnte nicht anders –, gefolgt, noch schlimmer, von Mitleid. Wenn er nur hätte antworten können: hielt sich! Wenn er nur keine Angst gehabt hätte! Und dann, wie man es sich vorstellt, dieses verhängnisvolle Abwenden mit höhnischem Lachen, die kühnen, herrschsüchtigen Augen waren nicht mehr da, um ihn zu verstecken.

„Das muss der Moment gewesen sein. Wenn Sie sich erinnern, drang die Kugel durch den Nacken des Mannes ein. Hepworth muss sich dieses

Treffen immer ausgemalt haben – Mieter von Gartenvororten tragen nicht aus Gewohnheit geladene Revolver bei sich –, über das sie nachgedacht haben es, bis er sich in einen Wahnsinn aus Hass und Angst versetzt hatte. Schwache Männer greifen immer zu Extremen. Wenn es keinen anderen Weg gäbe, würde er ihn töten.

„Kannst du die Stille nicht hören? Nachdem der Nachhall verklungen war! Und dann liegen sie beide auf den Knien, tätscheln ihn und tasten nach seinem Herzen. Der Mann muss wie ein erlegter Ochse zu Boden gegangen sein, es gab keine Spuren davon." Blut auf dem Teppich. Das Haus ist weit weg von allen Nachbarn ; der Schuss hat man aller Wahrscheinlichkeit nach nicht gehört. Wenn sie nur die Leiche loswerden könnten! Der Teich – keine hundert Meter entfernt!"

Er griff nach dem Brief, der immer noch zwischen seinen Papieren lag; blätterte hastig die benoteten Seiten um.

„Was ist einfacher? Auf dem nächsten Grundstück wird ein Haus gebaut. Schubkarren stehen zur Verfügung. Eine Reihe von Brettern, die bis zum Rand reichen. Wassertiefe, wo die Leiche gefunden wurde, 1,20 Meter. Nichts zu tun, außer einfach Kippen Sie den Karren hoch.

„Denken Sie eine Minute nach. Ich muss ihn beschweren, damit er sich nicht erhebt, um uns anzuklagen; belasten Sie ihn schwer, damit er immer tiefer in den weichen Schlamm sinkt und dort liegen bleibt, bis er verrottet."

„Denken Sie noch einmal nach. Denken Sie bis zum Ende darüber nach. Angenommen, er erhebt sich trotz all unserer Vorsichtsmaßnahmen? Angenommen, die Kette rutscht ab? Die Arbeiter gehen hin und her, um Wasser zu holen – angenommen, sie entdecken ihn ?

„Er liegt auf dem Rücken, erinnern Sie sich. Sie hätten ihn umgedreht, um nach seinem Herzen zu tasten. Höchstwahrscheinlich haben sie seine Augen geschlossen, da ihr Blick ihnen nicht gefiel."

„Es wäre die Frau gewesen, die zuerst daran gedacht hat. Sie hat gesehen, wie sie beide mit geschlossenen Augen neben sich lagen. Es mag schon immer in ihrem Kopf gewesen sein, die Ähnlichkeit zwischen ihnen. Mit Hepworths Uhr in der Tasche, Hepworths Ring an seinem Finger." Wäre da nur nicht der Bart – dieser wilde, lockige, rote Bart!

„Sie kriechen zum Fenster und spähen hinaus. Der Nebel ist immer noch dick wie Suppe. Keine Menschenseele, kein Geräusch. Viel Zeit."

„Dann weggehen, sich verstecken, bis man sich sicher ist. Ziehen Sie die Regenjacke an. Vielleicht hat man gesehen, wie ein Mann in einer gelben Regenjacke eintrat; man soll sehen, wie er wegging. Nehmen Sie sie in einer dunklen Ecke oder in einem leeren Eisenbahnwaggon ab und rollen Sie es auf. Dann gehen Sie ins Büro. Warten Sie dort auf Ellenby . Echt wie Stahl, Ellenby ; guter Geschäftsmann. Lassen Sie sich von Ellenby leiten .

Er warf den Brief lachend von sich.

„Warum, es gibt kein fehlendes Glied!" er weinte. „Und wenn man bedenkt, dass kein Dummkopf unter uns jemals daran gedacht hat!"

„Alles passt an seinen Platz", schlug ich vor, „bis auf den jungen Hepworth. Können Sie nach Ihrer Beschreibung sehen, wie er sich hinsetzt und kühl Fluchtpläne ausarbeitet, während die Leiche des Ermordeten neben ihm auf dem Kaminsims liegt?"

„Nein", antwortete er. „Aber ich kann mir vorstellen, dass sie es tut, eine Frau, die Woche für Woche schwieg, während wir tobten und auf sie losgingen, eine Frau, die drei Stunden lang wie eine Statue dasaß, während der alte Cutbush sie vor einem überfüllten Hof als moderne Isebel malte , die von ihrem Platz aufstand, als das Urteil zu fünfzehn Jahren Zuchthaus gegen sie verkündet wurde, mit einem Ausdruck des Triumphs in ihren Augen, und das Gericht verließ, als wäre sie ein Mädchen, das ihren Geliebten treffen würde.

„Ich wette", fügte er hinzu, „sie war es, die sich rasiert hat. Hepworth hätte ihn sogar mit einem Rasierhobel geschnitten."

„Es muss der andere gewesen sein, Martin", sagte ich, „den sie verabscheute. Diese fast Jubelstimmung bei dem Gedanken, dass er tot war", erinnerte ich ihn.

„Ja", sinnierte er. „Sie hat keinen Versuch gemacht, es zu verbergen. Merkwürdig, dass es diese Ähnlichkeit zwischen ihnen gab." Er schaute auf seine Uhr. „Möchtest du mit mir kommen?" er sagte.

"Wo gehst du hin?" Ich fragte ihn.

„Vielleicht fangen wir ihn einfach", antwortete er. „ Ellenby und Co."

Das Büro befand sich im obersten Stockwerk eines altmodischen Hauses in einer Sackgasse an der Minories . Mr. Ellenby sei nicht da, teilte uns der schlaksige Bürojunge mit, würde aber bestimmt noch vor dem Abend zurückkommen; und wir saßen und warteten am spärlichen Feuer, bis wir, als die Dämmerung hereinbrach, seine Schritte auf der knarrenden Treppe hörten.

Er blieb einen Moment in der Tür stehen und erkannte uns scheinbar ohne Überraschung; und dann, in der Hoffnung, dass wir nicht lange warten mussten, ging er voran in einen Innenraum.

„Ich glaube nicht, dass du dich an mich erinnerst", sagte mein Freund, sobald die Tür geschlossen war. „Ich glaube, dass Sie mich bis gestern Abend nie ohne Perücke und Kleid gesehen haben. Das macht einen Unterschied. Ich war Mrs. Hepworths leitender Anwalt."

Der Ausdruck der Erleichterung, der in die alten, trüben Augen trat, war unverkennbar. Offensichtlich hatte ihm der Vorfall vom Vorabend einen Feind nahegelegt.

„Du warst sehr gut", murmelte er. „Mrs. Hepworth war damals überfordert, aber ich weiß, sie war sehr dankbar für all Ihre Bemühungen."

Ich glaubte, ein schwaches Lächeln auf den Lippen meines Freundes zu entdecken.

„Ich muss mich für meine Unhöflichkeit gestern Abend Ihnen gegenüber entschuldigen ", fuhr er fort. „Als ich mir die Freiheit nahm, Sie umzudrehen, erwartete ich, dass ich einem viel jüngeren Mann gegenüberstehen würde."

„Ich habe Sie für einen Detektiv gehalten", antwortete Ellenby mit seiner sanften, sanften Stimme. „Sie werden mir sicher verzeihen. Ich bin ziemlich kurzsichtig. Natürlich kann ich nur Vermutungen anstellen, aber wenn Sie mir glauben, kann ich Ihnen versichern, dass Mrs. Hepworth den Mann noch nie gesehen oder von ihm gehört hat." Charlie Martin seit dem Datum" – er zögerte einen Moment – „des Mordes."

„Es wäre schwierig gewesen", stimmte mein Freund zu, „zu sehen, dass Charlie Martin auf dem Highgate Cemetery begraben liegt."

So alt er auch war, sprang er bleich und zitternd von seinem Stuhl auf.

„Warum bist du hierher gekommen?" er forderte an.

„Ich hatte mehr als nur ein berufliches Interesse an dem Fall", antwortete mein Freund. „ Vor zehn Jahren war ich jünger als jetzt. Vielleicht lag es an ihrer Jugend – an ihrer außergewöhnlichen Schönheit. Ich glaube, Mrs. Hepworth hat ihrem Mann erlaubt, sie zu besuchen – hier, wo ihre Adresse der Polizei und der Wache bekannt ist Jeder Moment, der ihr auferlegt werden kann, bringt ihn in eine ernste Gefahr. Wenn Sie mir irgendwelche Fakten vorlegen möchten, die es mir ermöglichen, über den Fall zu urteilen, bin ich bereit, meine Erfahrung einzubringen, und wenn es sein muss , meine Hilfe, zu ihren Diensten."

Seine Selbstbeherrschung war zu ihm zurückgekehrt.

„Wenn Sie mich entschuldigen würden", sagte er, „werde ich dem Jungen sagen, dass er gehen kann."

Wir hörten, wie er einen Moment später den Schlüssel in der Außentür umdrehte; und als er zurückkam und das Feuer angezündet hatte, erzählte er uns den Anfang der Geschichte.

Der Name des auf dem Highgate Cemetery begrabenen Mannes war schließlich Hepworth. Nicht Michael, sondern Alex, der ältere Bruder.

Seit seiner Kindheit war er gewalttätig, brutal und skrupellos. Nach Ellenbys Geschichte zu urteilen, war es schwierig, ihn als Produkt der modernen Zivilisation zu akzeptieren . Vielmehr scheint er eine Reminiszenz an einen wilden, freibeuterischen Vorfahren gewesen zu sein. Von ihm zu erwarten, dass er arbeitet, während er auf Kosten eines anderen in bösartigem Müßiggang leben konnte, erwies sich als hoffnungslos. Etwa zum dritten oder vierten Mal wurden seine Schulden beglichen und er wurde in die Kolonien verschifft. Leider gab es keine Möglichkeit, ihn dort zu halten. Sobald das ihm zur Verfügung gestellte Geld verschwendet worden war, kehrte er zurück und forderte durch Drohungen und Drohungen mehr. Er stieß auf unerwartete Entschlossenheit und schien Diebstahl und Fälschung als die einzige Alternative angesehen zu haben, die ihm blieb. Um ihn vor Strafe und den Familiennamen vor Schande zu bewahren, wurden die Ersparnisse seiner Eltern geopfert. Laut Ellenby waren es Trauer und Scham , die sie beide innerhalb weniger Monate nacheinander töteten.

Durch diesen Schlag wurde ihm das entzogen, was er zweifellos als seinen natürlichen Lebensunterhalt angesehen hatte, und seine Schwester befand sich zu seinem Glück weit außerhalb seiner Reichweite, und so entschied er sich als Nächstes für seinen Bruder Michael als seinen Beistand. Michael, schwach, schüchtern und vielleicht nicht ohne Reste knabenhafter Zuneigung zu einem starken, gutaussehenden älteren Bruder, gab törichterweise nach. Natürlich wurden die Forderungen immer größer, bis es am Ende fast eine Erleichterung war, als das lasterhafte Leben des Mannes dazu führte, dass er in ein Verbrechen besonders abscheulicher Art verwickelt wurde. Er wollte jetzt um seiner selbst willen fliehen, und Michael, der nicht viel übrig hatte, versorgte ihn mit den Mitteln, unter der feierlichen Vereinbarung, dass er niemals zurückkehren würde.

Aber die Sorgen und das Elend hatten den jungen Michael zu einem gebrochenen Mann gemacht. Da er sich nicht länger auf seinen Beruf konzentrieren konnte, sehnte er sich danach, all seine alten Assoziationen hinter sich zu lassen und einen Neuanfang im Leben zu wagen. Es war Ellenby , die London und das Schiffsmöbelgeschäft vorschlug, wo Michaels kleines verbleibendes Kapital von Nutzen sein würde. Der Name Hepworth würde in Schifffahrtskreisen wertvoll sein, und Ellenby hatte mit dieser Überlegung, vor allem aber in der Hoffnung, dem jungen Michael mehr

Interesse an dem Geschäft zu wecken, darauf bestanden, dass die Firma Hepworth and Co. heißen sollte.

Sie hatten ein Jahr vor der Rückkehr des Mannes noch nicht begonnen, da er wie üblich mehr Geld verlangte. Unter Ellenbys Anleitung weigerte sich Michael mit Worten, die seinen Bruder davon überzeugten, dass das Mobbing-Spiel vorbei war. Er wartete eine Weile und schrieb dann mitleiderregend, dass er krank sei und hungerte. Würde Michael nicht, wenn auch nur seiner jungen Frau zuliebe, zu ihnen kommen?

Dies war das erste Mal, dass sie von seiner Ehe hörten. Es gab nur eine schwache Hoffnung, dass es eine Veränderung bewirkt hätte, und Michael beschloss, entgegen Ellenbys Rat zu gehen. In einer elenden Herberge im East End fand er die junge Frau, nicht aber seinen Bruder, der erst zurückkehrte, als er im Begriff war zu gehen. In der Zwischenzeit scheint das Mädchen Michael ihre Geschichte anvertraut zu haben.

Sie war Sängerin und engagierte sich in einem Varieté in Rotterdam. Dort hatte Alex Hepworth, der sich Charlie Martin nannte, sie getroffen und mit ihr geschlafen. Wenn er wollte, konnte er angenehm genug sein, und zweifellos hatten ihre Jugend und Schönheit seinen Beteuerungen vorerst einen echten Klang der Bewunderung und des Verlangens verliehen. Sie hatte vor allem zugestimmt, um ihrer Umgebung zu entkommen. Sie war kaum mehr als ein Kind, und alles schien dem nächtlichen Grauen vorzuziehen, dem ihr Leben sie aussetzte.

Er hatte sie nie geheiratet. Zumindest war das damals ihre Überzeugung. Während seiner ersten Trunkenheit hatte er ihr ins Gesicht geschleudert, dass die Form, die sie durchgemacht hatten, bloßer Blödsinn war. Leider war das für sie eine Lüge. Er war immer kühl berechnend gewesen. Wahrscheinlich hatte er im Hinblick auf eine sichere Investition dafür gesorgt, dass die Zeremonie streng legal ablief.

Ihr Leben mit ihm war unaussprechlich gewesen, sobald die erste Neuigkeit an ihr nachgelassen hatte. Das Band, das sie um den Hals trug, sollte sich dort verstecken, wo er in einem Anfall von Wildheit versucht hatte, ihr die Kehle durchzuschneiden, weil sie sich geweigert hatte, auf der Straße Geld für ihn zu verdienen. Nachdem sie nun nach England zurückgekehrt war, wollte sie ihn verlassen. Wenn er ihr folgte und sie tötete , war es ihr egal.

Ihr zuliebe bot der junge Hepworth schließlich an, seinem Bruder erneut zu helfen, unter der Bedingung, dass er alleine gehen würde. Dem stimmte der andere zu. Er scheint einen kurzen Anflug von Reue gezeigt zu haben. Als er sich abwandte, musste er ein Grinsen im Gesicht gehabt haben. Seine schlauen Augen hatten vorausgesehen, was wahrscheinlich passieren würde. Der Gedanke an Erpressung war ihm zweifellos von Anfang an in den Sinn gekommen. Mit dem Vorwurf der Bigamie als Waffe in seiner Hand könnte er sich für den Rest seines Lebens auf ein stetiges und steigendes Einkommen verlassen.

Michael begleitete seinen Bruder als Passagier zweiter Klasse auf einem Schiff Richtung Kap. Natürlich bestand kaum eine Chance, dass er sein Wort hielt, aber es bestand immer die Möglichkeit, dass er bei einer Schlägerei einen Schlag auf den Kopf bekam. Wie auch immer, er würde eine Zeit lang aus dem Weg sein und das Mädchen, Lola, würde zurückbleiben. Einen Monat später heiratete er sie und vier Monate später erhielt er einen Brief von seinem Bruder mit Nachrichten an Mrs. Martin, „von ihrem liebevollen Ehemann Charlie", der hoffte, bald das Vergnügen zu haben, sie wiederzusehen.

Nachforschungen beim englischen Konsul in Rotterdam ergaben, dass die Drohung kein bloßer Bluff war. Die Ehe war rechtsgültig und bindend gewesen.

Was in der Mordnacht geschah, entsprach weitgehend dem, was mein Freund rekonstruiert hatte. Als Ellenby am nächsten Morgen zur gewohnten Zeit im Büro ankam, hatte er Hepworth vorgefunden, der auf ihn wartete. Dort hatte er sich versteckt gehalten, bis er sich eines Morgens mit gefärbten Haaren und einem dünnen Schnurrbart hinauswagte.

Wäre der Tod des Mannes auf andere Weise herbeigeführt worden, hätte Ellenby ihm geraten, sich zu melden und sich seinem Prozess zu stellen, wie er es selbst gern getan hätte; aber in Verbindung mit der Erleichterung, die der Tod des Mannes für sie beide gewesen sein musste, ließ dieser geladene Revolver zu sehr auf Vorsatz schließen. Die Abgeschiedenheit des Hauses, die praktischerweise in der Nähe eines Teichs liegt, würde so aussehen, als sei sie im Voraus geplant worden. Selbst wenn Michael unter Berufung auf eine extreme Provokation dem Seil entkommen würde, wäre eine lange Haftstrafe unvermeidlich.

Es war auch dann nicht sicher, ob die Frau freikommen würde. Der Ermordete würde seltsamerweise immer noch ihr Ehemann sein; der Mörder – im Auge des Gesetzes – ihr Liebhaber.

Ihr leidenschaftlicher Wille hatte gesiegt. Der junge Hepworth war nach Amerika gesegelt. Dort hatte er keine Schwierigkeiten, eine Anstellung – natürlich unter einem anderen Namen – in einem Architekturbüro zu finden ; und hatte sich später selbstständig gemacht. Seit der Mordnacht hatten sie sich bis vor etwa drei Wochen nicht mehr gesehen.

Ich habe die Frau nie wieder gesehen. Ich glaube, meine Freundin hat sie besucht. Hepworth war bereits nach Amerika zurückgekehrt, und meiner Freundin war es gelungen, für sie eine Art Polizeigenehmigung zu erwirken, die ihr praktisch freie Hand ließ.

Manchmal ertappe ich mich abends dabei, wie ich durch die Straße gehe. Und immer habe ich das Gefühl, in ein leeres Theater gestolpert zu sein – wo das Stück zu Ende ist.

SEIN ABEND.

Die Aussage des Parkwächters David Bristow aus Gilder Street, Camden Town, lautet wie folgt:

Ich war am Donnerstagabend im St. James's Park im Dienst, mein Wirkungskreis erstreckte sich von der Mall bis zum Nordufer des Ziergewässers östlich der Hängebrücke. Um fünfundzwanzig vor sieben bezog ich eine Position zwischen der Halbinsel und der Brücke, um auf meinen Kollegen zu warten. Er hätte mich um halb sechs ablösen sollen, kam aber erst ein paar Minuten vor sieben an, weil, wie er erklärte, eine Panne seines Autobusses vorlag – was wahr gewesen sein mag oder auch nicht das Sprichwort ist.

Ich war gerade stehengeblieben, als eine Dame meine Aufmerksamkeit fesselte. Ich kann nicht erklären, warum die Anwesenheit einer Dame im St. James's Park in irgendeiner Weise bemerkenswert erscheinen sollte, außer dass sie mich aus bestimmten Gründen an meine erste Frau erinnerte. Ich bemerkte, dass sie zwischen einem der öffentlichen Plätze und zwei freien Stühlen, die etwas weiter östlich allein standen, zögerte. Schließlich wählte sie einen der Stühle aus und setzte sich darauf , nachdem sie ihn mit einer Abendzeitung gereinigt hatte – die Vögel in diesem Teil des Parks sind äußerst zahlreich –. Auf dem öffentlichen Sitzplatz daneben war reichlich Platz, bis auf ein paar Kinder, die Touch spielten; und aus diesem Grund hielt ich sie für eine wohlhabende Person.

Ich ging zu einem Punkt, von dem aus ich die südlichen Zugänge zur Brücke kontrollieren konnte. Mein Kollege kam manchmal über den Birdcage Walk und manchmal über die Horse Guards Parade an. Da ich in Richtung der Brücke keine Anzeichen von ihm sah, drehte ich mich um. Ein Stück hinter dem Stuhl, auf dem die Dame saß, traf ich Herrn Parable. Ich kenne Mr. Parable recht gut vom Sehen. Er trug den üblichen grauen Anzug und den weichen Filzhut, mit dem wir alle durch die Bilder in den Zeitungen vertraut geworden sind. Ich kam zu dem Schluss, dass Mr. Parable aus dem Parlament gekommen war, und am nächsten Morgen bestätigte sich mein Verdacht, als ich las, dass er bei einer von Mr. Will Crooks auf der Terrasse veranstalteten Teeparty anwesend gewesen war. Mr. Parable vermittelte mir den Eindruck eines Mannes, der in Gedanken versunken ist und sich nicht ganz bewusst ist, was er tut; aber darin kann es natürlich sein, dass ich mich geirrt habe. Er hielt einen Moment inne und blickte über das Geländer auf den Pelikan. Mr. Parable sagte etwas zu dem Pelikan, das ich nicht mitbekommen konnte; und dann überquerte er, offenbar immer noch in einem Zustand der Abstraktion, den Weg und setzte sich auf den Stuhl neben dem, auf dem die junge Dame saß.

Von dem Baum, an dem ich stand, konnte ich das weitere Geschehen unbeobachtet beobachten. Die Dame sah Mr. Parable an, wandte sich dann ab und lächelte vor sich hin. Es war ein eigenartiges Lächeln und erinnerte mich, wiederum auf eine Weise, die ich nicht erklären kann, an meine erste Frau. Erst als der Pelikan sein anderes Bein niederlegte und wegging, bemerkte Mr. Parable, als er seinen Blick nach Westen richtete, die Anwesenheit der Dame.

Aufgrund der Informationen, die mir später bekannt wurden, bin ich bereit zu glauben, dass Mr. Parable von Anfang an wirklich dachte, die Dame sei eine Freundin von ihm. Was die Dame dachte, ist eine Frage der Vermutung; Ich kann nur zu den Fakten sprechen. Mr. Parable sah die Dame ein- oder zweimal an. Tatsächlich könnte man mit Fug und Recht sagen, dass er damit weitergemacht hat. Man muss zugeben, dass sich die Dame eine Zeit lang äußerst anständig benahm; aber nach einer Weile trafen sich ihre Blicke, wie ich das Gefühl hatte, dass es passieren musste, und dann hörte ich sie sagen:

„Guten Abend, Herr Parable.“

Sie begleitete die Worte mit demselben eigenartigen Lächeln, das ich bereits erwähnt habe. An die genauen Worte von Herrn Parables Antwort kann ich mich nicht erinnern. Aber er hatte von Anfang an geglaubt, er hätte sie gekannt, war sich aber nicht ganz sicher. An diesem Punkt ging ich ihm entgegen, weil ich glaubte, meinen Kollegen kommen zu sehen. Ich stellte fest, dass ich mich geirrt hatte, und ging langsam meinen Weg zurück. Ich kam an Mr. Parable und der Dame vorbei. Sie unterhielten sich mit etwas, das ich als Animation bezeichnen würde. Ich ging bis zum südlichen Ende der Hängebrücke und musste dort ziemlich zehn Minuten warten, bevor ich nach Osten zurückkehrte. Als ich hinter ihnen auf dem Gras vorbeiging, das teilweise von den Rhododendren verdeckt war, hörte ich Mr. Parable zu der Dame sagen:

„Warum sollten wir es nicht zusammen haben?“

Darauf antwortete die Dame:

„Aber was ist mit Miss Clebb ?“

Ich konnte nicht mithören, was folgte, weil sie ihre Stimmen senkten. Es schien ein Streit zu sein. Es endete damit, dass die junge Dame lachte und dann aufstand. Auch Mr. Parable erhob sich, und sie gingen gemeinsam davon. Als sie an mir vorbeikamen , hörte ich die Dame sagen:

„Ich frage mich, ob es einen Ort in London gibt, an dem Sie wahrscheinlich nicht erkannt werden .“

Mr. Parable, der mir den Eindruck vermittelte, dass ich mich in einem Zustand wachsender Aufregung befinde, antwortete ziemlich laut:

„Oh, lass sie !"

Ich folgte ihnen, als die Dame plötzlich anhielt.

"Ich weiß!" Sie sagte. „Das beliebte Café."

Der Parkwächter sagte, er sei überzeugt, dass er die Dame wiedererkennen würde, da er besonders auf sie geachtet habe. Sie hatte braune Augen und trug einen schwarzen Hut mit Mohnblumenmotiv.

Arthur Horton, Kellner im Popular Café, sagt dazu:

Ich kenne Mr. John Parable vom Sehen. Habe ihn oft bei öffentlichen Versammlungen sprechen hören. Bin selbst ein bisschen ein Sozialist. Erinnern Sie sich an sein Abendessen im Popular Café am Donnerstagabend. Ich habe ihn aus zwei Gründen beim Eintreten nicht sofort erkannt . Einer war sein Hut und der andere war sein Mädchen. Ich nahm es ihm ab und hängte es auf. Ich meine natürlich den Hut. Es war ein nagelneuer Bowler, der Rand war ein wenig kaputt. Habe ihn immer mit einem weichen grauen Filz in Verbindung gebracht. Aber niemals mit Mädchen. Frauen, ja, in jedem Maße. Aber das war der eigentliche Artikel. Du weißt, was ich meine – die Art von Mädchen, um die du dich kümmern musst. Sie war es, die den Tisch in der Ecke hinter der Tür auswählte. Ich war schon einmal dort, würde ich sagen.

Im normalen Geschäftsverkehr hätte ich Mr. Parable mit Namen ansprechen sollen, was unsere Anweisungen im Fall von uns bekannten Kunden waren. Aber als ich den Hut und das Mädchen zusammenfügte, beschloss ich, es nicht zu tun. Mr. Parable war voll und ganz für unser drei- und sechspennyiges Table d'hote ; Er wollte offenbar nicht nachdenken. Aber die Dame wollte nichts davon hören.

„Denken Sie an Miss Clebb ", erinnerte sie ihn.

Natürlich wusste ich damals nicht, was gemeint war. Sie bestellte eine dünne Suppe, eine gegrillte Seezunge und gratinierte Koteletts. Am Abendessen konnte es sicher nicht gelegen haben. Was den Champagner angeht, würde er seinen eigenen Weg gehen. Ich habe ihm einen trockenen 94er ausgesucht, mit dem du vielleicht ein Baby entwöhnt hättest. Ich nehme an, es war das Ganze zusammen.

Nach der Sohle hörte ich Herrn Parable lachen. Ich konnte es meinen Ohren kaum trauen, aber als die Koteletts halb fertig waren, tat er es wieder.

Es gibt zwei Arten von Frauen. Es gibt die Frau, die umso schwerfälliger wird, je mehr sie isst und trinkt, und die Frau, die danach aufleuchtet. Ich schlug vor, zwischen ihnen ein Peche Melba zu essen, und als ich damit zurückkam, saß Mr. Parable mit den Ellenbogen auf dem Tisch und starrte sie mit einem Gesichtsausdruck an, den ich nur als ganz menschlich bezeichnen kann. Als ich den Kaffee brachte, drehte er sich zu mir um und fragte:

„Was ist los? Nichts Spießiges", fügte er hinzu. „Gibt es irgendwo eine Ausstellung – etwas unter freiem Himmel?"

„Sie vergessen Miss Clebb ", erinnerte ihn die Dame.

„Für zwei Stecknadeln", sagte Mr. Parable, „würde ich bei der Besprechung aufstehen und Miss Clebb sagen , was ich wirklich über sie halte."

Ich schlug die Earl's Court Exhibition vor, ohne zu wissen, wohin sie führen würde; Aber die Dame wollte zunächst nichts davon hören, und als die Gesellschaft am Nebentisch nach ihrer Rechnung verlangte (sie hatten schon ein- oder zweimal danach gefragt, als ich darüber nachdachte), musste ich zu ihnen hinübergehen .

Als ich zurückkam, war der Streit gerade beendet und die Dame hielt ihren Finger hoch.

„Unter der Bedingung, dass wir um halb neun losfahren und Sie direkt nach Caxton Hall fahren", sagte sie.

„Wir werden sehen", sagte Herr Parable und bot mir eine halbe Krone an.

Da Trinkgeld gegen die Regeln verstößt, kann ich es nicht annehmen. Außerdem hatte einer der Springer ein Auge auf mich geworfen. Ich erklärte ihm scherzhaft, dass ich es für eine Wette tat. Er war überrascht, als ich ihm seinen Hut reichte, aber die Dame flüsterte ihm zu, dass er sich rechtzeitig an sich selbst erinnerte.

zusammen hinausgingen, hörte ich Herrn Parable zu der Dame sagen:

„Es ist schon komisch, was für ein schockierendes Namensgedächtnis ich habe."

Darauf antwortete die Dame:

„Du wirst es morgen noch lustiger finden." Und dann lachte sie.

Mr. Horton dachte, er würde die Dame wiedererkennen. Er beziffert ihr Alter auf etwa sechsundzwanzig und beschreibt sie – um seinen eigenen pikanten Ausdruck zu verwenden – als „ein bisschen in Ordnung". Sie hatte braune Augen und eine sympathische Art, mit ihr umzugehen.

Miss Ida Jenks, Leiterin des Eastern Cigarette Kiosk auf der Earl's Court Exhibition, macht folgende Angaben:

Von meinem Standort aus kann ich problemlos einen Blick auf das Innere der Victoria Hall werfen. Das heißt natürlich, wenn die Türen geöffnet sind, wie es in einer warmen Nacht normalerweise der Fall ist.

Am Abend des Donnerstag, dem 27., war es einigermaßen gut belegt, wenn auch nicht besonders stark. Ein Paar erregte meine Aufmerksamkeit durch die unberechenbare Lenkung des Herrn. Wäre er mein Partner gewesen, hätte ich eine Polka vorgeschlagen, da der Tango nicht die Art von Tanz ist, die man an einem Abend lernen kann. Was ich damit sagen will, ist, dass er auf mich eher bereitwillig als erfahren wirkte. Einige der Stöße, die sie bekam, hätten mich verärgert; Aber wir alle haben unsere Fantasien, und soweit ich es beurteilen konnte, schienen sie beide Spaß zu haben. Nach dem „Hitchy Koo" kamen sie nach draußen.

Der Sitzplatz links von der Tür ist beliebt, da er teilweise von Büschen abgeschirmt ist, aber wenn ich mich ein wenig nach vorne beuge, kann ich durchaus sehen, was dort vor sich geht. Sie waren das erste Paar, das in der Nähe des Musikpavillons eine schwere Kollision erlitten hatte und es daher problemlos schaffte, es zu sichern. Der Herr lachte.

Von Anfang an hatte er etwas an sich, das mich glauben ließ, ich kenne ihn, und als er seinen Hut abnahm, um sich den Kopf abzuwischen, fiel mir plötzlich auf, dass er das genaue Abbild seines Abbilds bei Madame Tussaud war, das Durch einen merkwürdigen Zufall war ich an diesem Nachmittag mit einem Freund zu Besuch. Die Dame war das, was manche Leute als gutaussehend bezeichnen würden, andere vielleicht nicht.

Ich habe sie beobachtet, natürlich ein wenig interessiert. Als Mr. Parable der Dame half, ihren Umhang zurechtzurücken, zog er sie – vielleicht war es ein Zufall – zu sich heran; Und dann trat ein rothaariger Herr mit einer kurzen Pfeife im Mund vor und sprach die Dame an. Er lüftete seinen Hut und fügte mit einem „Guten Abend" hinzu, dass er hoffe, dass sie „eine angenehme Zeit" habe. Ich sollte erklären, dass sein Ton sarkastisch war.

Die junge Frau verhielt sich, was auch immer man sonst noch über sie sagen mag, auf mich völlig korrekt. Sie erwiderte seine Begrüßung mit einer kalten und distanzierten Verbeugung, erhob sich, wandte sich an Herrn Parable und bemerkte, dass es ihrer Meinung nach vielleicht an der Zeit sei, dass sie gingen.

Der Herr, der seine Pfeife aus dem Mund genommen hatte, sagte – wiederum in sarkastischem Ton –, dass er das auch denke und reichte der Dame seinen Arm.

„Ich glaube nicht, dass wir Sie belästigen müssen", sagte Mr. Parable und trat zwischen sie.

Um zu beschreiben, was folgte, fehlen mir als Dame die Worte. Ich erinnere mich, wie Mr. Parables Hut in die Luft flog und im nächsten Moment der Kopf des rothaarigen Herrn in Zigaretten erstickt auf meiner Theke lag. Ich schrie natürlich nach der Polizei, aber die Menge war entschieden gegen mich; und erst nach dem, was ich in der Fachsprache als „vierte Runde" bezeichnen würde, erschienen sie auf der Bildfläche.

Als ich Mr. Parable zum letzten Mal sah, schüttelte er einen jungen Polizisten, der seinen Helm verloren hatte, während drei andere Polizisten ihn von hinten festhielten. Den blumigen Herrenhut, den ich auf dem Boden meines Kiosks fand und ihm zurückgab; aber nach einem vergeblichen Versuch, es auf seinen Kopf zu bekommen, verschwand er mit ihm in der Hand. Die Dame war nirgends zu sehen.

Miss Jenks glaubt, sie würde sie wiedererkennen. Sie trug einen Hut mit schwarzem Chiffonbesatz und einem Strauß Mohnblumen und war leicht sommersprossig.

Superintendent S. Wade antwortete auf die ihm von unserem Vertreter gestellten Fragen wie folgt:

Ja. In der Nacht zum Donnerstag, dem 27., hatte ich das Kommando auf der Vine Street Polizeiwache.

Nein. Ich kann mich nicht daran erinnern, dass irgendeine Anklage gegen einen Herrn namens Parable erhoben wurde.

Ja. Gegen zehn Uhr wurde ein Herr vorgeführt, der wegen Schlägerei auf der Earl's Court Exhibition und tätlichen Angriffs auf einen Polizisten in Ausübung seiner Pflicht angeklagt wurde.

Der Herr nannte den Namen Mr. Archibald Quincey, Harcourt Buildings, Temple.

Nein. Der Herr stellte keinen Antrag auf Kaution und beschloss, die Nacht in den Zellen zu verbringen. Ein gewisses Maß an Diskretion wurde uns zugestanden und wir haben es ihm so angenehm wie möglich gemacht.

Ja. Eine Dame.

Nein. Über einen Herrn, der bei der Earl's Court Exhibition in Schwierigkeiten geraten war. Sie nannte keinen Namen.

Ich habe ihr die Anklageschrift gezeigt. Sie dankte mir und ging weg.

Das kann ich nicht sagen. Ich kann Ihnen nur sagen, dass um 21.15 Uhr am Freitagmorgen eine Kaution hinterlegt und nach Rückfrage in der Person von Julius Addison Tupp von der Sunnybrook Steam Laundry in Twickenham angenommen wurde .

Das geht uns nichts an.

Der Angeklagte, der, wie ich dafür gesorgt hatte, um halb acht eine Tasse Tee und einen kleinen Toast getrunken hatte, ging kurz nach zehn in Begleitung von Mr. Tupp weg.

Superintendent Wade gab zu, dass ihm Fälle bekannt waren, in denen Angeklagte, um Unannehmlichkeiten zu vermeiden, ihre Namen als nicht ihre eigenen angegeben hatten, lehnte es jedoch ab, die Angelegenheit weiter zu besprechen.

Superintendent Wade drückte zwar sein Bedauern darüber aus, dass er unserem Vertreter keine Zeit mehr widmen konnte, hielt es jedoch für sehr wahrscheinlich, dass er die Dame wiedererkennen würde, wenn er sie wiedersähe.

Superintendent Wade ist der Meinung, dass man sie als hochintelligente junge Frau mit außergewöhnlich ansprechendem Aussehen bezeichnen könnte, ohne sich als Richterin in solchen Angelegenheiten zu bekennen.

Von Herrn Julius Tupp von der Sunnybrook Steam Laundry in Twickenham , den unser Vertreter als nächstes anrief, konnten wir keine große Unterstützung erhalten, da Herr Tupp alle ihm gestellten Fragen mit der einen Formel beantwortete: „Nicht reden."

Glücklicherweise konnte unser Vertreter auf seinem Weg durch den trocknenden Boden ein kurzes Interview mit Frau Tupp führen .

Frau Tupp erinnert sich, wie sie am Freitagmorgen, dem 28., eine junge Dame ins Haus ließ, als sie die Tür öffnete, um die Milch hereinzulassen.

Frau Tupp erinnert sich, dass die Dame mit heiserer Stimme sprach, was, wie die junge Dame mit einem angenehmen Lachen erklärte, darauf zurückzuführen war, dass sie die Nacht damit verbracht hatte, durch Ham Common zu wandern, nachdem sie am Abend zuvor von einem Eisenbahntrottel in die Irre geführt worden war Portier, und sie wollte die Nachbarschaft nicht dadurch stören, dass sie die Leute um zwei Uhr morgens weckte, was ihrer Meinung nach vernünftig von ihr war.

Frau Tupp beschreibt die junge Dame als sympathisch, aber natürlich etwas ausgelaugt. Die Dame fragte nach Herrn Tupp und erklärte, dass ein Freund von ihm in Schwierigkeiten sei, was Frau Tupp nicht im Geringsten überraschte , da sie selbst nicht mit Sozialisten und dergleichen einverstanden war. Als Herr Tupp informiert wurde, zog er sich hastig an und ging die Treppe hinunter, und er und die junge Dame verließen gemeinsam das Haus. Als Mr. Tupp nach dem Namen seines Freundes gefragt wurde, hatte er gesagt, dass es niemand sei, den Mrs. Tupp kenne, ein Mr. Quince – es könnte Quincey gewesen sein.

Frau Tupp weiß, dass Herr Parable ebenfalls Sozialist ist, und kennt das Sprichwort über die Diebe, die zusammenhängen. Aber er hat jahrelang für Mr. Parable gearbeitet und ihn immer als äußerst zufriedenstellenden Kunden empfunden; Als zu diesem Zeitpunkt Herr Tupp erschien, dankte unser Vertreter Frau Tupp für ihre Informationen und verabschiedete sich.

Herr Horatius Condor, Junior, der sich bereit erklärte, gemeinsam mit unserem Vertreter im Holborn Restaurant am Mittagessen teilzunehmen, war zunächst nicht bereit, uns weiterzuhelfen, lieferte unserem Vertreter jedoch schließlich die folgenden Informationen:

Meine Beziehung zu Mr. Archibald Quincey, Harcourt Buildings, Temple, ist vielleicht etwas schwer zu definieren.

Wie er selbst mich sieht, weiß ich nie ganz genau. Es wird Tage geben, an denen wir sehr freundschaftlich miteinander umgehen, und ein anderes Mal wird er so unbeteiligt und gebieterisch sein, dass man denken könnte, ich sei sein aufstrebender Bürojunge.

Am Freitagmorgen, dem 28., kam ich nicht zur üblichen Zeit bei Harcourt Buildings an, da ich wusste, dass Mr. Quincey selbst nicht dort sein würde, da er ein Interview mit Mr. Parable für den Daily Chronicle um zehn Uhr vereinbart hatte . Ich ließ ihm sicherheitshalber eine halbe Stunde Zeit, und er kam um Viertel nach elf.

Er nahm keine Notiz von mir. Ungefähr zehn Minuten lang – vielleicht auch weniger – ging er im Zimmer auf und ab, fluchte und fluchte und trat mit den Möbeln herum. Ab und zu landete er einen Walnusstisch mitten vor meinen Schienbeinen, worauf ich die Gelegenheit nutzte, ihm „Guten Morgen" zu wünschen, und er wachte sozusagen auf.

„Wie lief das Interview ab?" Ich sage . „Haben Sie etwas Interessantes?"

„Ja", sagt er; „ziemlich interessant. Oh ja, ausgesprochen interessant."

Er hielt sich, wenn Sie verstehen, zurück und sprach mit schrecklicher Langsamkeit und Bedächtigkeit.

„Wissen Sie, wo er letzte Nacht war?" er fragt mich.

„Ja", sage ich; „Caxton Hall, nicht wahr? – Treffen, um die Freilassung von Miss Clebb zu fordern ."

Er beugt sich über den Tisch, bis sein Gesicht nur noch wenige Zentimeter von meinem entfernt ist.

„Raten Sie noch einmal", sagt er.

Ich habe keine Vermutungen angestellt. Er hatte mich mit dem Walnusstisch verletzt und ich war etwas aufbrausend.

„Oh! Machen Sie kein Spiel draus", sage ich . „Es ist zu früh am Morgen."

„Auf der Earl's Court Exhibition", sagt er; „Tango mit einer Dame tanzen, die er im St. James's Park abgeholt hat."

„Nun", sage ich , „warum nicht? Er hat nicht oft viel Spaß." Ich hielt es für das Beste, vorsichtig damit umzugehen.

Er beachtet meine Beobachtung nicht.

„Ein Rivale betritt den Tatort", fährt er fort – „nach meinen Informationen ein dickköpfiger Arsch – und sie liefern sich einen offenen Kampf. Er wird überfallen und verbringt die Nacht in einer Polizeizelle in der Vine Street."

Ich glaube, ich habe gegrinst, ohne es zu wissen.

„Komisch, nicht wahr?" er sagt.

„Nun", sage ich , „es hat doch seine humorvolle Seite, nicht wahr? Was bekommt er ? "

„Ich mache mir keine Sorgen darüber, was ER bekommen wird", antwortet er. „Ich mache mir Sorgen darüber, was *ich* bekommen werde."

Ich dachte, er wäre verrückt geworden.

„Was hat das mit dir zu tun?" Ich sage .

„Wenn der alte Wotherspoon gut gelaunt ist", fährt er fort, „und der Kopf des Polizisten bis Mittwoch ein wenig nachgelassen hat, komme ich vielleicht mit vierzig Schilling und einem öffentlichen Verweis davon."

„Andererseits", fährt er fort – er bekam eine Art Anfall – „wenn der Kopf des Polizisten weiter anschwillt und sich die Leber des alten Wotherspoon verschlechtert, muss ich mich auf einen Monat ohne diese Option einstellen." . Das heißt, wenn ich dumm genug bin –"

Er hatte beide Türen offen gelassen, was wir tagsüber normalerweise tun, da unsere Gemächer oben liegen. Miss Dorton – das ist Mr. Parables Sekretärin – stürmt ins Zimmer. Sie schien mich nicht zu bemerken. Sie stolpert zu einem Stuhl und bricht in Tränen aus.

„Er ist weg", sagt sie; „Er hat den Koch mitgenommen und ist weg."

"Gegangen!" sagt der Gouverneur . „Wo ist er hin?"

„Nach Fingest ", sagt sie schluchzend, „zur Hütte. Miss Bulstrode kam herein, kurz nachdem Sie gegangen waren", sagt sie. „Er möchte von allen wegkommen und ein paar Tage Ruhe haben. Und dann kommt er zurück und wird es selbst tun."

"Was ist zu tun?" sagt der Gouverneur , gereizt.

„Vierzehn Tage", jammert sie. „Es wird ihn töten."

„Aber der Fall wird erst am Mittwoch verhandelt", sagt der Gouverneur . „Woher weißt du, dass es vierzehn Tage dauern werden?"

„Miss Bulstrode ", sagt sie, „sie hat den Richter gesehen. Er sagt, er gebe bei unprovozierten Übergriffen immer vierzehn Tage Zeit."

„Aber es war nicht unprovoziert", sagt der Gouverneur . „Der andere Mann begann damit, dass er seinen Hut abschlug. Es war Selbstverteidigung ."

„Sie hat ihm das gesagt", sagt sie, „und er stimmte zu, dass das seine Sicht auf den Fall ändern würde. Aber wissen Sie", fährt sie fort, „wir können den anderen Mann nicht finden. Er wird es wahrscheinlich nicht finden." sich aus eigenem Antrieb melden.

„Das Mädchen muss es wissen", sagt der Gouverneur , „dieses Mädchen, das er im St. James's Park abholt und mit dem er tanzen geht. Der Mann muss ein Freund von ihr gewesen sein."

„Aber wir können sie auch nicht finden", sagt sie. „Er kennt nicht einmal ihren Namen – er kann sich nicht daran erinnern."

„Du wirst es tun, nicht wahr?" Sie sagt.

"Was ist zu tun?" sagt der Gouverneur noch einmal.

„Die vierzehn Tage", sagt sie.

„Aber ich dachte, du hättest gesagt, er würde es selbst tun?" er sagt.

„Aber das darf er nicht", sagt sie. „Miss Bulstrode kommt vorbei, um Sie zu sehen. Denken Sie darüber nach! Denken Sie an die Schlagzeilen in den Zeitungen", sagt sie. „Denken Sie an die Fabian Society. Denken Sie an die Sache des Wahlrechts. Wir dürfen ihn nicht zulassen."

"Und ich?" sagt der Gouverneur . „Kümmert sich niemand um mich?"

„Du bist egal", sagt sie. „Außerdem", sagt sie, „werden Sie es mit Ihrem Einfluss schaffen, es aus den Zeitungen herauszuhalten. Wenn sich herausstellt, dass es Mr. Parable war, wird nichts auf der Welt dazu in der Lage sein."

Der Gouverneur war zu diesem Zeitpunkt fast genauso aufgeregt wie sie.

„Ich werde mir die Fabian Society und das Women's Vote und das Home for Lost Cats in Battersea ansehen und den ganzen Rest der gesegneten Trickkiste –"

Ich hatte bei mir darüber nachgedacht und es gerade herausgefunden.

„Warum will er seinen Koch mit nach Hause nehmen?" Ich sage .

„Um für ihn zu kochen", sagt der Gouverneur . „Wofür wünscht man sich im Allgemeinen einen Koch?"

„Ratten!" Ich sage . „Nimmt er normalerweise seinen Koch mit?"

„Nein", antwortete Miss Dorton. „Wenn ich darüber nachdenke, hat er sich bisher immer mit Mrs. Meadows abgefunden."

„Sie werden die Dame unten im Fingest finden ", sage ich , „sie sitzt ihm gegenüber und genießt ein Recherche-Dinner für zwei."

Der Gouverneur klopft mir auf die Schulter und hebt Miss Dorton aus ihrem Stuhl.

„Gehen Sie hinten ein", sagt er, „und rufen Sie Miss Bulstrode an . Ich bin um halb zwölf da."

Miss Dorton ging benommen hinaus, und der Gouverneur gibt mir einen Sovereign und sagt mir, ich könne den Rest des Tages für mich alleine haben.

Herr Condor Junior ist der Ansicht, dass das, was später geschah, mehr beweist, dass er Recht hatte, als dass es beweist, dass er Unrecht hatte.

Herr Condor, Junior, versprach uns auch, uns ein Foto von sich zur Reproduktion zu schicken, aber leider war es bis zum Redaktionsschluss noch nicht eingetroffen.

Von Mrs. Meadows, der Witwe des verstorbenen Corporal John Meadows, VC, Turberville , Bucks, erhielt unser Vertreter vor Ort die folgenden weiteren Einzelheiten:

Ich arbeite seit einigen Jahren für Mr. Parable, da mein Cottage nur eine Meile entfernt liegt, was es mir leicht macht, mich um ihn zu kümmern.

Mr. Parable möchte, dass der Ort immer bereit ist, sodass er vorbeikommen kann, wann immer er möchte. Manchmal warnt er mich und manchmal nicht. Es war ungefähr Ende letzten Monats – an einem Freitag, wenn ich mich recht erinnere –, als er plötzlich auftauchte.

Normalerweise geht er zu Fuß vom Bahnhof Henley aus, aber dieses Mal kam er im Flieger, er hatte eine junge Frau bei sich und sie hatte eine Tasche – seine Köchin, wie er mir erklärte. Normalerweise tue ich alles für Mr. Parable und schlafe in der Hütte, wenn er da ist; aber um die Wahrheit zu sagen, ich war froh, sie zu sehen. Ich selbst war nie ein großer Koch, wie mein armer toter Mann mehr als einmal bemerkt hat, und ich gebe auch nicht vor, einer zu sein. Mr. Parable fügte entschuldigend hinzu, dass er in letzter Zeit unter Verdauungsstörungen gelitten habe.

„Ich freue mich nur zu sehr, sie zu sehen“, sage ich. „Da sind die beiden Betten in meinem Zimmer, und wir werden uns nicht streiten.“ Sie war eine ziemlich vernünftige junge Frau, wie ich auf den ersten Blick erkannt hatte, obwohl sie damals an einer Erkältung litt. Sie mietet ein Fahrrad von Emma Tidd, die es nur sonntags benutzt, und macht sich mit einem Marktkorb auf den Weg nach Henley. Mr. Parable sagt, er würde mit ihr gehen, um ihr den Weg zu zeigen.

Sie waren eine ganze Weile unterwegs, was mich, wenn man bedenkt, dass es acht Meilen waren, nicht so sehr überraschte; und als sie zurückkamen , aßen wir alle drei zusammen zu Abend, wobei Mr. Parable argumentierte, dass dies zu dem führte, was er „ Arbeitsersparnis “ nannte. Danach machte ich mich auf den Weg und ließ sie miteinander reden; und später machten sie einen Spaziergang durch den Garten, es war eine Mondnacht, aber für meine Vorstellung etwas zu kalt.

Am Morgen unterhielt ich mich mit ihr, bevor er unten war. Sie schien etwas besorgt zu sein.

„Ich hoffe, dass die Leute nicht ins Gespräch kommen", sagt sie. „Er würde darauf bestehen, dass ich komme."

„Nun", sage ich , „sicherlich kann ein Herr seinen Koch mitbringen, um für ihn zu kochen. Und was die Leute angeht, die reden, sage ich immer, man kann ihnen genauso gut etwas zum Reden geben und ihnen das ersparen." Mühe, es wieder gut zu machen.

„Wenn ich nur eine einfache Frau mittleren Alters wäre", sagt sie, „wäre alles in Ordnung."

„Vielleicht wirst du das zu gegebener Zeit tun", sage ich, aber natürlich konnte ich sehen, worauf sie hinauswollte. Sie war eine nette, saubere junge Frau mit freundlichem Gesicht und gehörte nicht zur gewöhnlichen Klasse. „In der Zwischenzeit", sage ich , „wenn es Ihnen nichts ausmacht, ein paar mütterliche Ratschläge anzunehmen, erinnern Sie sich vielleicht daran, dass Ihr Platz die Küche ist und seiner der Salon . Er ist ein lieber, guter Mann, ich weiß, aber die menschliche Natur ist menschlich." Natur, und es nützt nichts, so zu tun, als wäre das nicht der Fall.

Sie und ich frühstückten zusammen, bevor er aufstand, so dass er, als er herunterkam, alleine frühstücken musste, aber danach kommt sie in die Küche und schließt die Tür.

„Er will mir den Weg nach High Wycombe zeigen", sagt sie. „Er wird es haben, es gibt bessere Geschäfte in Wycombe. Was soll ich tun?"

Ich habe die Erfahrung gemacht, dass es nicht der richtige Weg ist, den Leuten zu raten, das zu tun, was sie nicht tun wollen.

„Was denkst du selbst?" Ich fragte sie.

„Ich möchte ihn begleiten", sagt sie, „und jeden Kilometer optimal nutzen."

Und dann fing sie an zu weinen.

„Was ist denn der Schaden!" Sie sagt. „Ich habe ihn auf einem Dutzend Plattformen gehört, wie er sich über Klassenunterschiede lustig gemacht hat. Außerdem", sagt sie, „sind meine Leute seit Generationen Bauern. Was war Miss Bulstrodes Vater anderes als ein Lebensmittelhändler? Er betrieb hundert Geschäfte statt nur einem. Welchen Unterschied macht das?" machen?"

„Wann hat alles angefangen?" Ich sage . „Wann ist er zum ersten Mal auf dich aufmerksam geworden?"

„Vorgestern“, antwortet sie. „Er hatte mich noch nie zuvor gesehen“, sagt sie. „Ich war nur ‚Koch‘ – irgendetwas mit Mütze und Schürze, an dem er gelegentlich auf der Treppe vorbeikam. Am Donnerstag sah er mich in meinen besten Kleidern und verliebte sich in mich. Er weiß es selbst nicht, armer Schatz, Noch nicht, aber genau das hat er getan.“

Nun, ich konnte ihr nicht widersprechen, nicht nachdem ich gesehen hatte, wie er sie über den Tisch hinweg ansah.

„Was empfinden Sie ihm gegenüber“, sage ich , „ganz ehrlich? Für einen jungen Menschen in Ihrer Position ist er eher ein guter Fang.“

„Das ist mein Problem“, sagt sie. „Ich muss daran denken. Und dann ‚Mrs. John Parable‘ zu sein! Das reicht aus, um einer Frau den Kopf zu verdrehen.“

„Es wäre ein bisschen schwierig, mit ihm zusammenzuleben“, sage ich .

„Genies sind es immer“, sagt sie; „Es ist ganz einfach, wenn man sie nur als Kinder betrachtet. Er wäre manchmal ein bisschen streitsüchtig, das ist alles. Unterm Strich ist er einfach der netteste, liebste –“

„Oh, du nimmst deinen Korb und gehst nach High Wycombe“, sage ich . „Er könnte es noch schlimmer machen.“

Ich habe nicht damit gerechnet, dass sie bald zurückkommen, und sie sind auch nicht bald zurückgekommen. Am Nachmittag stoppt ein Motor am Tor und Miss Bulstrode , Miss Dorton – das ist die junge Dame, die für ihn schreibt – und Mr. Quincey treten heraus. Ich sagte ihnen, ich könne nicht sagen, wann er zurückkommen würde, und sie sagten, das sei egal, sie seien nur zufällig vorbeigekommen.

„Hat ihn gestern jemand angerufen?“ fragt Miss Bulstrode , nachlässig wie – „eine Dame?“

„Nein“, sage ich ; „Du bist noch der Erste.“

„Er hat doch seinen Koch mitgebracht, nicht wahr?“ sagt Mr. Quincey.

sage ich , „und auch eine sehr gute Köchin“, was die Wahrheit war.

„Ich möchte nur ein paar Worte mit ihr sprechen“, sagt Miss Bulstrode .

„Tut mir leid, meine Dame “, sage ich , „aber sie ist derzeit nicht da; sie ist nach Wycombe gegangen.“

„Nach Wycombe gegangen!“ sagen sie alle zusammen.

„Zur Vermarktung", sage ich . „Es ist etwas weiter weg, aber es liegt natürlich nahe, dass die Geschäfte dort besser sind."

Sie sahen einander an.

„Damit ist die Sache erledigt", sagt Mr. Quincey. „Köstlichkeiten, die es wert sind, ihr präsentiert zu werden, gibt es nicht näher als Wycombe, aber man muss sie haben. Heute Abend wird es hier ein angenehmes kleines Abendessen geben."

„Das Luder!" sagt Miss Bulstrode leise.

Sie flüsterten einen Moment miteinander, dann drehten sie sich zu mir um.

„Guten Tag, Mrs. Meadows", sagt Mr. Quincey. „Man braucht nicht zu sagen, dass wir angerufen haben. Er wollte allein sein, und das könnte ihn ärgern."

Ich sagte, ich würde es nicht tun, und das tat ich auch nicht. Sie stiegen wieder in den Motor und fuhren los.

Vor dem Abendessen musste ich in den Holzschuppen gehen. Als ich die Tür öffnete, hörte ich ein Rascheln. Wenn ich mich nicht irre, versteckte sich Miss Dorton in der Ecke, wo wir die Cola aufbewahren. Ich sah keinen Sinn darin, Aufhebens zu machen, also ließ ich sie dort. Als ich in die Küche zurückkam, fragte mich die Köchin, ob wir Petersilie hätten.

„Sie finden ein Stück vorne", sage ich , „links vom Tor", und sie ging hinaus. Sie kam verängstigt zurück.

„Hat hier jemand Ziegen?" Sie fragte mich.

„Nicht, dass ich wüsste, näher als Ibstone Common", sage ich.

„Ich hätte schwören können, dass ich das Gesicht einer Ziege sah, die mich aus den Stachelbeersträuchern ansah, als ich die Petersilie pflückte", sagt sie. „Es hatte einen Bart."

„Es ist das Halbdunkel ", sage ich . „Man kann sich alles vorstellen."

„Ich hoffe, ich werde nicht nervös", sagt sie.

Ich dachte, ich schaue mich noch einmal um und entschuldigte mich, dass ich einen Eimer Wasser wollte. Ich beugte mich über den Brunnen, der direkt unter dem Maulbeerbaum liegt, als etwas in meine Nähe fiel und auf den Ziegelsteinen hängen blieb. Es war eine Haarnadelkurve. Für den Fall eines Unfalls befestigte ich sorgfältig die Abdeckung am Brunnen, und als ich einstieg, ging ich um mich herum und achtete sorgfältig darauf, dass alle Vorhänge zugezogen waren.

Kurz bevor wir drei uns wieder zum Abendessen hinsetzten, nahm ich den Koch beiseite.

„Ich sollte heute Abend keinen Spaziergang im Garten machen", sage ich. „Vielleicht sind Leute aus dem Dorf da, und wir wollen nicht, dass sie klatschen." Und sie dankte mir.

Am nächsten Abend waren sie wieder da. Ich dachte, ich würde das Abendessen nicht verderben, es aber hinterher erwähnen. Ich sorgte erneut dafür, dass die Vorhänge zugezogen waren, und öffnete den Riegel beider Türen. Und es ist gut, dass ich es getan habe.

Ich hatte immer gehört, dass Mr. Parable ein amüsanter Redner sei, aber bei früheren Besuchen war mir das nicht aufgefallen. Aber dieses Mal schien er zehn Jahre jünger zu sein, als ich ihn jemals zuvor gekannt hatte; und während des Abendessens, während wir ziemlich fröhlich redeten und lachten, hatte ich mehr als einmal das Gefühl, dass draußen Leute herumschlendern. Ich war gerade mit dem Aufräumen fertig und die Köchin war gerade dabei, den Kaffee zu kochen, als es an der Tür klopfte.

"Wer ist er?" sagt Herr Parable. „Ich bin bei niemandem zu Hause."

„Ich werde sehen", sage ich . Und auf dem Weg schlüpfte ich in die Küche.

„Kaffee für einen, Koch", sage ich und sie verstand. Ihre Mütze und Schürze hingen hinter der Tür. Ich warf sie ihr hinüber, und sie fing sie auf; und dann öffnete ich die Haustür.

Sie drängten sich wortlos an mir vorbei und gingen direkt in den Salon . Und sie verschwendeten auch nicht viele Worte über ihn.

"Wo ist sie?" fragte Fräulein Bulstrode .

„Wo ist wer?" sagt Herr Parable.

„Lügen Sie nicht", sagte Miss Bulstrode und machte keine Anstalten, sich zu beherrschen. „Das Flittchen, mit dem du gegessen hast?"

„Meinen Sie Mrs. Meadows?" sagt Herr Parable.

Ich dachte, sie würde ihn schütteln.

„Wo hast du sie versteckt?" Sie sagt.

In diesem Moment kam der Koch mit dem Kaffee herein.

sie anzusehen, hätten sie vielleicht eine Idee gehabt. Das Tablett zitterte in ihren Händen, und in ihrer Eile und Aufregung hatte sie ihre Mütze falsch herum aufgesetzt. Aber sie behielt ihre Stimme unter Kontrolle und fragte, ob sie noch etwas Kaffee mitbringen sollte.

„Ah, ja! Ihr wollt doch alle einen Kaffee, nicht wahr?" sagt Herr Parable. Miss Bulstrode antwortete nicht, aber Mr. Quincey sagte, ihm sei kalt und es würde ihm gefallen. Es war eine schreckliche Nacht mit leichtem Regen.

„Vielen Dank, Sir", sagt der Koch und wir gingen zusammen hinaus.

Hütten sind nur Hütten, und wenn die Leute im Wohnzimmer darauf bestehen, laut zu reden, können die Leute in der Küche nicht anders, als zuzuhören.

Es wurde viel über „vierzehn Tage" geredet, die Mr. Parable nach eigener Aussage selbst machen wollte, und Miss Dorton sagte, er dürfe sie nicht tun, denn wenn er es täte, wäre es ein Sieg für die Feinde Menschheit. Mr. Parable sagte etwas über „Menschlichkeit", was ich nicht richtig verstanden habe, aber was auch immer es war, es brachte Miss Dorton zum Weinen; und Miss Bulstrode nannte Mr. Parable einen „blinden Samson", der sich von einem dafür angeheuerten Designer die Haare schneiden ließ.

Für mich war alles französisch, aber die Köchin schluckte jedes Wort mit, und als sie von ihrem Kaffee zurückkam, machte sie keinen Hehl daraus, sondern nahm ihren Platz an der Tür ein, das Ohr am Schlüsselloch.

Es war Mr. Quincey, der sie alle zum Schweigen brachte, und dann begann er, die Dinge zu erklären. Es schien, als wäre alles gut, wenn sie nur einen bestimmten Herrn finden und ihn überreden könnten, sich zu melden und anzuerkennen, dass er einen Streit begonnen hat. Mr. Quincey würde mit einer Geldstrafe von vierzig Schilling belegt werden, und Mr. Parables Name würde nie auftauchen. Gelingt das nicht, könnte Mr. Parable, laut Mr. Quincey, seine vierzehn Tage selbst absolvieren.

„Ich habe es Ihnen einmal gesagt", sagt Mr. Parable, „und ich sage Ihnen noch einmal, dass ich den Namen des Mannes nicht kenne und ihn Ihnen nicht nennen kann."

„Das verlangen wir nicht", sagt Mr. Quincey. „Sie nennen uns den Namen Ihres Tangopartners, den Rest erledigen wir."

Ich konnte Cooks Gesicht sehen; Ich hatte selbst ein bisschen Interesse geweckt und wir standen beide kurz vor der Tür. Sie schien kaum zu atmen.

„Es tut mir leid", sagt Mr. Parable und spricht sehr nachdenklich, „aber ich werde nicht zulassen, dass ihr Name in dieses Geschäft hineingezogen wird."

„Das wäre nicht der Fall", sagt Mr. Quincey. „Alles, was wir aus ihr herausbekommen wollen, ist der Name und die Adresse des Herrn, der so gern ihr Zuhause sehen wollte."

"Wer war er?" sagt Miss Bulstrode . "Ihr Ehemann?"

„Nein", sagt Herr Parable; „Das war er nicht."

„Wer war er dann?" sagt Miss Bulstrode . „Er muss etwas für sie gewesen sein – Verlobter ?"

„Ich werde die vierzehn Tage selbst machen", sagt Herr Parable. „Ich werde umso frischer herauskommen, nachdem ich mich vierzehn Tage lang völlig ausgeruht und umgezogen habe."

Cook verlässt die Tür mit einem Lächeln im Gesicht, das ihr ein wunderschönes Aussehen verleiht, nimmt etwas Papier aus der Kommodenschublade und beginnt, einen Brief zu schreiben.

Sie unterhielten sich noch zehn Minuten lang im Nebenzimmer, dann lässt Mr. Parable sie selbst hinaus und geht ein Stück mit ihnen. Als er zurückkam, konnten wir hören, wie er im anderen Zimmer auf und ab ging.

Sie hatte den Umschlag geschrieben und frankiert; es lag auf dem Tisch.

„,Joseph Onions, Esq.'", sage ich , während ich die Adresse lese. „,Auktionator und Immobilienmakler, Broadway, Hammersmith.' Ist das der junge Mann?"

„Das ist der junge Mann", sagt sie, faltet ihren Brief und steckt ihn in den Umschlag.

„Und war er Ihr Verlobter ?" Ich fragte.

„Nein", sagt sie. „Aber er wird es sein, wenn er tut, was ich ihm sage."

„Und was ist mit Mr. Parable?" Ich sage .

„Ein kleiner Witz, der ihn später amüsieren wird", sagt sie und streift sich einen Umhang über die Schultern. „Wie er einmal beinahe seine Köchin geheiratet hätte."

„Ich werde keine Minute bleiben", sagt sie. Und mit dem Brief in der Hand schlüpft sie hinaus.

Wie wir wissen, hat Frau Meadows ihre Empörung über die Veröffentlichung dieses Interviews zum Ausdruck gebracht, da sie den Eindruck hatte, dass sie lediglich einen freundschaftlichen Klatsch mit einem Nachbarn führte . Unser Vertreter ist jedoch sicher, dass er Mrs. Meadows erklärt hat, dass sein Besuch offiziell sei; und in jedem Fall muss es unsere Pflicht gegenüber der Öffentlichkeit sein, uns von jeglicher Schuld in dieser Angelegenheit zu entlasten.

Herr Joseph Onions vom Broadway, Hammersmith, Auktionator und Hausmakler, äußerte sich gegenüber unserem Vertreter äußerst überrascht über die Wendung, die die Ereignisse später genommen hatten. Der Brief, den Mr. Onions von Miss Comfort Price erhielt, war eindeutig und eindeutig. Das hieß, wenn er einen gewissen Mr. Quincey von Harcourt Buildings, Temple, anrufen und bestätigen würde, dass er es war, der den Streit auf der Earl's Court Exhibition am Abend des 27. begonnen hatte, dann würde der Die Verlobung zwischen ihm und Miss Price, die von der Dame bisher nicht anerkannt wurde, könnte als Tatsache angesehen werden.

Mr. Onions, der sich im Wesentlichen als Geschäftsmann beschreibt, beschloss, bevor er der Bitte von Miss Price nachkam, einige vorbereitende Schritte zu unternehmen. Als Ergebnis sorgfältig durchgeführter Ermittlungen, zunächst auf der Vine Street-Polizeistation und zweitens in Twickenham , traf Mr. Onions später am Tag in Mr. Quinceys Büro ein, mit, um seinen eigenen Ausdruck zu gebrauchen, allen Karten in der Hand. Es war Mr. Quincey, der das Interview mit Miss Bulstrode arrangierte, da er erklärte, dass er Mr. Onions Vorschlag nicht nachkommen könne . Und es war Miss Bulstrode selbst, die unter der Bedingung, dass Mr. Onions der Verpflichtung die weitere Bedingung hinzufügte, dass er Miss Price vor Monatsende heiraten würde, anbot, zweihundert zu machen. Es lag in ihrem gemeinsamen Interesse – Mr. Onions betrachtete sich und Miss Price nun als eins – dass Mr. Onions ihr vorschlug, es drei zu machen, und dabei Argumente anführte, die ihm unter den gegebenen Umständen natürlich einfielen – wie zum Beispiel die Schädigung des Rufs der Dame durch das gesamte Verfahren , was in einer Nacht gipfelte, die die Dame nach eigenen Angaben auf Ham Common verbrachte. Dass der geforderte Preis angemessen war, sieht Mr. Onions darin bewiesen, dass Miss Bulstrode seine Bedingungen schließlich akzeptierte. Nachdem Mr. Quincey alles aus ihm herausgeholt hatte, was er wollte, hätte er es „für seine Pflicht halten sollen“, Miss Price über Mr. Andrews die gesamten Einzelheiten der Transaktion mitzuteilen, da er es für „so gut wie möglich“ gehalten hätte Kennen Sie den Charakter des Mannes, den sie heiraten wollte“, hält Mr. Onions einen groben Verstoß gegen die Etikette zwischen Herren; und angesichts des späteren Verhaltens von Miss Price kann Mr. Onions nur sagen, dass sie nicht das Mädchen ist, für das er sie gehalten hat.

Herr Aaron Andrews, den unser Vertreter aufsuchte, wollte zunächst nicht in die Angelegenheit hineingezogen werden; Aber als unser Vertreter ihm erklärte, dass unser einziger Wunsch darin bestehe, falschen Gerüchten zu widersprechen , die dem Ruf von Herrn Parable schaden könnten, erkannte Herr Andrews die Notwendigkeit, unseren Vertreter in den Besitz der Wahrheit zu bringen.

Sie kam am Dienstagnachmittag zurück, erklärte Herr Andrews, und ich unterhielt mich mit ihr.

„Es ist alles in Ordnung, Mr. Andrews", sagte sie mir; „Sie haben mit meinem jungen Mann gesprochen, und Miss Bulstrode hat den Richter privat gesehen. Der Fall wird mit einer Geldstrafe von vierzig Schilling abgewiesen, und Mr. Quincey hat dafür gesorgt, dass er nicht in die Zeitung kommt."

„Na ja, Ende gut, alles gut", antwortete ich; „Aber es wäre vielleicht besser gewesen, mein Mädchen, wenn du deinen jungen Mann etwas früher erwähnt hättest."

„Ich wusste nicht, dass es von Bedeutung war", erklärte sie. „Mr. Parable hat mir nichts erzählt. Wenn es keinen Zufall gegeben hätte, hätte ich nie erfahren, was passierte."

Ich hatte die junge Frau immer gemocht. Mr. Quincey hatte mir vorgeschlagen, bis nach Mittwoch zu warten. Aber es schien mir keinen besonderen Grund für die Verzögerung zu geben.

„Magst du ihn?" Ich fragte sie.

„Ja", antwortete sie. „Ich bin lieber als-" Und dann stoppte sie plötzlich und ihre Augen strahlten scharlachrot aus. "Über wen redest du?" sie verlangte.

„Dieser junge Mann von dir", sagte ich. „Herr – wie heißt er – Onions?"

"Oh das?" Sie antwortete. „Oh ja, ihm geht es gut."

„Und wenn nicht?" Sagte ich und sie sah mich eindringlich an.

„Ich sagte ihm " , sagte sie, „dass ich ihn heiraten würde, wenn er tun würde, worum ich ihn gebeten habe. Und er scheint es getan zu haben."

„Es gibt Möglichkeiten, alles zu tun", sagte ich; Und da ich sah, dass es ihr nicht das Herz brechen würde, erzählte ich ihr nur die einfachen Fakten. Sie hörte wortlos zu, und als ich fertig war , legte sie ihre Arme um meinen Hals und küsste mich. Ich bin alt genug, um ihr Großvater zu sein, aber vor zwanzig Jahren hätte mich das vielleicht verärgert.

Bulstrode diese dreihundert Pfund sparen können ", lachte sie, rannte nach oben und wechselte ihre Sachen. Als ich später in die Küche schaute, summte sie.

Mr. John kam mit dem Auto vorbei und ich konnte sehen, dass er in einer seiner Launen war.

„Packen Sie mir ein paar Sachen für einen Rundgang ein“, sagte er. „Vergiss den Rucksack nicht. Ich fahre um halb acht nach Schottland.“

„Bist du lange weg?“ Ich fragte ihn.

„Es hängt davon ab, wie lange ich dafür brauche“, antwortete er. „Wenn ich zurückkomme, werde ich heiraten.“

„Wer ist die Dame?“ Ich fragte, obwohl ich es natürlich wusste.

„Miss Bulstrode “, sagte er.

„Nun“, sagte ich, „sie-“

„Das reicht“, sagte er; „All das habe ich in den letzten zwei Tagen von den dreien erfahren. Sie ist Sozialistin und Suffragistin und alles andere und meine ideale Helferin. Ihr geht es gut, und das wird es mir ermöglichen, mich zu engagieren.“ „Ich gebe mir meine ganze Zeit, die Welt in Ordnung zu bringen, ohne mich um irgendetwas anderes zu kümmern. Unser Zuhause wird die Kinderstube fortschrittlicher Ideen sein. Wir werden gemeinsam die Freuden und Freuden der öffentlichen Bühne teilen. Was kann sich ein Mann mehr wünschen?“

„Sie möchten früh zu Abend essen“, sagte ich, „wenn Sie um halb neun kommen. Ich sage dem Koch besser …“

Er unterbrach mich erneut.

„Du kannst dem Koch sagen, er soll zum Teufel gehen“, sagte er.

Ich starrte ihn natürlich an.

„Sie wird einen scheußlichen kleinen Mistkerl von Mieteinnehmer heiraten, der ihr völlig egal ist“, fuhr er fort.

Ich konnte nicht verstehen, warum er darüber so wütend zu sein schien.

„Ich verstehe jedenfalls nicht, was das mit dir zu tun hat“, sagte ich, „aber in Wirklichkeit ist sie es nicht.“

„Ist das nicht was?“ sagte er, blieb stehen und drehte sich zu mir um.

„Ich werde ihn nicht heiraten“, antwortete ich.

"Warum nicht?" er forderte an.

„Fragen Sie sie besser“, schlug ich vor.

Ich wusste damals nicht, dass es eine dumme Aussage war, und ich bin mir nicht sicher, ob ich es nicht hätte sagen sollen, wenn ich es getan hätte. Wenn er in einer seiner Launen ist , scheine ich immer in eine meiner Launen zu geraten. Ich habe mich um Mr. John gekümmert, seit er ein Baby war, sodass keiner von uns den anderen so behandelt, wie wir es vielleicht sollten.

„Sag der Köchin, dass ich sie will", sagte er.

„Sie ist gerade in der Mitte …", begann ich.

„Es ist mir egal, wo sie ist", sagte er. Er schien entschlossen zu sein, mich niemals einen Satz beenden zu lassen. „Schick sie hier hoch."

Sie war alleine in der Küche.

„Er möchte dich sofort sehen", sagte ich.

"Wer macht?" Sie fragte.

„Mr. John", sagte ich.

„Warum will er mich sehen?" Sie fragte.

"Wie soll ich wissen?" Ich antwortete.

„Aber das tust du", sagte sie. Sie hatte immer eine eigensinnige Wendung in sich, und da ich das Gefühl hatte, dass es Zeit sparen würde, erzählte ich ihr, was passiert war.

„Nun", sagte ich, „gehst du nicht?"

Sie stand stocksteif da und starrte auf den Teig, den sie gerade machte. Sie drehte sich zu mir um und auf ihren Lippen lag ein neugieriges Lächeln.

„Weißt du, was du anziehen solltest?" Sie sagte. „Flügel und ein wenig Pfeil und Bogen."

Sie dachte nicht einmal daran, sich die Hände abzuwischen, sondern ging direkt nach oben. Es war etwa eine halbe Stunde später, als es klingelte. Mr. John stand am Fenster.

„Ist die Tasche fertig?" er sagte.

„Das wird es", sagte ich.

Ich ging in den Flur und kam mit der Kleiderbürste zurück.

"Was werden Sie tun?" er sagte.

„Vielleicht weißt du es nicht", sagte ich, „aber du bist voller Mehl."

„Cook geht mit mir nach Schottland", sagte er.

Ich habe mich um Mr. John gekümmert, seit er ein Junge war. Letzten Geburtstag war er zweiundvierzig geworden , aber als ich ihm durch das Fahrerhausfenster die Hand geschüttelt habe, hätte ich schwören können, dass er wieder fünfundzwanzig war.

DER UNTERRICHT.

Meines Wissens nach traf ich ihn zum ersten Mal auf einem übelriechenden Dampfschiff mit einem Schornstein, das damals zwischen der London Bridge und Antwerpen verkehrte. Er ging Arm in Arm mit einer auffällig gekleideten, aber ausgesprochen attraktiven jungen Frau über das Deck; Beide redeten und lachten laut. Es kam mir merkwürdig vor, dass er auf dieser Route ein Mitreisender war. Die Überfahrt dauerte achtzehn Stunden, und der Hin- und Rückfahrpreis in der ersten Klasse betrug ein Pfund zwölf und sechs, einschließlich dreier Mahlzeiten pro Strecke; Getränke waren, wie im Vertrag sorgfältig dargelegt, extra. Damals verdiente ich als Angestellter einer Maklerfirma in der Fenchurch Street dreißig Schilling pro Woche. Unser Geschäft bestand darin, Artikel auf Kommission für Kunden in Indien zu kaufen, und ich hatte gelernt, Werte zu beurteilen. Der mit Biber gefütterte Mantel, den er trug – denn an diesem Abend war es zwar Spätsommer, aber kühl – muss ihn ein paar hundert Pfund gekostet haben, während sein nachlässig zur Schau gestellter Schmuck leicht für tausend oder mehr hätte verpfändet werden können.

Ich konnte nicht anders, als ihn anzustarren, und als sie einmal vorbeikamen, erwiderte er meinen Blick.

Nach dem Abendessen, als ich mit dem Rücken gegen das Dollbord auf der Steuerbordseite lehnte, kam er aus der einzigen privaten Kabine, die das Schiff zu bieten hatte, und nahm mit weit gespreizten Beinen und einer großen Zigarre dazwischen eine Position mir gegenüber ein Seine dicken Lippen blickten mich kühl an, als ob er mich abschätzen wollte.

„Gönnen Sie sich einen kleinen Urlaub auf dem Kontinent?" er erkundigte sich.

Ich war mir nicht ganz sicher, bevor er sprach, aber sein zwar leichtes Lispeln verriet den Juden. Seine Gesichtszüge waren grob, fast brutal; Aber die ruhelosen Augen leuchteten so sehr, das ganze Gesicht zeugte so von Macht und Charakter, dass das Gefühl, das er in ihm hervorrief, Bewunderung, gemildert durch Angst, als Ganzes betrachtete. Sein Ton war von freundlicher Verachtung geprägt – der Ton eines Mannes, der es gewohnt ist, die meisten Menschen als unterlegen zu empfinden, und der an die Entdeckung zu sehr gewöhnt ist, um sich darüber einzubilden.

Dahinter steckte ein Hinweis auf Autorität, den ich nicht bestreiten wollte.

„Ja", antwortete ich und fügte hinzu, dass ich noch nie zuvor im Ausland gewesen sei und gehört habe, dass Antwerpen eine interessante Stadt sei.

„Wie lange hast du Zeit?" er hat gefragt.

„Vierzehn Tage", sagte ich ihm.

„Wenn Sie es sich leisten könnten, würden Sie doch gerne etwas mehr als Antwerpen sehen, nicht wahr?" er schlug vor. „Faszinierendes kleines Land Holland. Gerade lange genug – vierzehn Tage –, um das Ganze zu schaffen. Ich bin ein Holländer, ein niederländischer Jude."

„Du sprichst Englisch wie ein Engländer", sagte ich ihm. Irgendwie hatte ich vor, ihm zu gefallen. Ich hätte kaum erklären können, warum.

„Und ebenso gut ein halbes Dutzend anderer Sprachen", antwortete er lachend. „Ich verließ Amsterdam, als ich achtzehn war, als Zwischendeckpassagier auf einem Auswandererschiff. Seitdem habe ich es nicht mehr gesehen."

Er schloss die Kabinentür hinter sich und legte beim Hinübergehen eine starke Hand auf meine Schulter.

„Ich werde Ihnen einen Vorschlag machen", sagte er. „Mein Geschäft ist nicht von der Art, die man aus den Augen verlieren kann, auch nicht für ein paar Tage, und es gibt Gründe" – er warf einen Blick über die Schulter zur Kabinentür und lachte kurz – „warum ich das getan habe." Ich möchte keine meiner eigenen Mitarbeiter mitbringen. Wenn Sie Lust auf eine kurze Tour haben, alle Kosten in Slap-up-Hotels bezahlt haben und am Ende einen Zehn-Pfund-Schein in der Tasche haben, können Sie ihn für zwei Stunden Arbeit haben ein Tag."

Ich nehme an, mein Gesicht drückte meine Zustimmung aus, denn er wartete nicht darauf, dass ich etwas sagte.

„Ich verlange nur eines", fügte er hinzu, „dass du dich um deine eigenen Angelegenheiten kümmerst und den Mund hältst. Du bist allein, nicht wahr?"

„Ja", sagte ich ihm.

Er schrieb etwas auf ein Blatt seines Notizbuchs, riss es heraus und reichte es mir.

„Das ist Ihr Hotel in Antwerpen", sagte er. „Sie sind die Sekretärin von Herrn Horatio Jones." Er lachte vor sich hin, als er den Namen wiederholte, der sicherlich nicht zu ihm passte. „Klopfen Sie morgen früh um neun Uhr an meine Wohnzimmertür. Gute Nacht!"

Er beendete das Gespräch so abrupt, wie er es begonnen hatte, und kehrte in seine Kabine zurück.

Am nächsten Morgen erhaschte ich einen flüchtigen Blick auf ihn, als er aus dem Hotelbüro kam. Er sprach mit dem Manager auf Französisch und hatte offensichtlich Anweisungen bezüglich meiner Person gegeben, denn ein unterwürfiger Kellner führte mich in ein ganz bezauberndes Schlafzimmer im zweiten Stock, während mir später im Café das „englische Frühstück" serviert wurde. Das Zimmer hatte eine Größe und einen Charakter, die mir damals nicht oft gefielen. Auch bei der Arbeit hielt er sein Wort. Ich war jeden Morgen selten länger als zwei Stunden beschäftigt. Die Aufgaben bestanden hauptsächlich aus dem Schreiben von Briefen und dem Versenden von Telegrammen. Die Briefe, die er unterschrieben und selbst verschickt hatte, sodass ich seinen richtigen Namen nie erfuhr – nicht in diesen vierzehn Tagen –, aber ich sammelte genug, um mir bewusst zu sein, dass er ein Mann war, dessen Geschäftsinteressen enorm und weltweit gewesen sein mussten.

Er stellte mir „Mrs. Horatio Jones" nie vor, und nach ein paar Tagen schien er von ihr gelangweilt zu sein, so dass ich oft ihren Platz als seine Begleiterin bei Nachmittagsausflügen einnahm.

Ich konnte nicht anders, als den Mann zu mögen. Stärke erzwingt immer die Verehrung der Jugend; und er hatte etwas Großes und Heroisches an sich. Sein Wagemut, seine schnellen Entscheidungen, seine völlige Skrupellosigkeit, seine gelegentliche Grausamkeit, wenn die Notwendigkeit es zu erfordern schien. Man könnte sich vorstellen, dass er früher ein geborener Anführer wilder Horden war, ein Liebhaber des Kämpfens um seiner selbst willen, der allen Hindernissen mit grimmiger Begrüßung begegnete, sich seinen Weg bahnte, gleichgültig gegenüber dem Elend und der Zerstörung, die sein Vormarsch verursachte, und dessen Augen nie abschweiften von ihrem Ziel; doch nicht ohne einen Sinn für grobe Gerechtigkeit, nicht ganz ohne Freundlichkeit, wenn sie ohne Gefahr ausgeübt werden konnte.

Eines Nachmittags nahm er mich mit in das jüdische Viertel von Amsterdam, bahnte sich ohne zu zögern seinen Weg durch das Labyrinth aus zwielichtigen Slums und blieb vor einem schmalen dreistöckigen Haus mit Blick auf ein stehendes Achterwasser stehen.

„Das Zimmer, in dem ich geboren wurde", erklärte er. „Fenster mit kaputter Scheibe im zweiten Stock. Es wurde nie repariert."

Ich warf ihm einen verstohlenen Blick zu. Sein Gesicht verriet keine Spur von Gefühl, sondern eher Belustigung. Er bot mir eine Zigarre an, worüber ich mich freute, denn der Gestank des mit Innereien beladenen Wassers hinter uns lenkte ab, und eine Weile rauchten wir beide schweigend: er mit halb geschlossenen Augen; Es war ein Trick von ihm, als er ein geschäftliches Problem löste.

„Merkwürdig, dass ich eine solche Entscheidung getroffen habe", bemerkte er. „Ein Metzgergehilfe für meinen Vater und eine schwindsüchtige Knopflochmacherin für meine Mutter. Ich schätze, ich wusste, was ich wollte. Wie sich herausstellte, war es genau das Richtige für mich."

Ich starrte ihn an und fragte mich, ob er es ernst meinte oder einen grimmigen Scherz meinte. Manchmal neigte er dazu, seltsame Bemerkungen zu machen. Es gab eine Ader des Fantastischen in ihm, die immer wieder zum Vorschein kam und mich in Erstaunen versetzte.

„Es war ein bisschen riskant", schlug ich vor. „Wählen Sie beim nächsten Mal lieber etwas, das etwas sicherer ist."

Er sah mich scharf an, und da ich mir seiner Stimmung nicht ganz sicher war, behielt ich ein ernstes Gesicht.

„Vielleicht hast du recht", stimmte er lachend zu. „Eines Tages müssen wir darüber reden."

Nach diesem Besuch in der Goortgasse war er mir gegenüber weniger zurückhaltend und sprach oft mit mir über Themen, von denen ich nie gedacht hätte, dass sie ihn interessieren würden. Ich fand, dass er eine seltsame Mischung war. Hinter dem klugen, zynischen Geschäftsmann erhaschte ich immer wieder Blicke auf den Visionär.

Ich habe mich in Den Haag von ihm getrennt. Er zahlte mir den Fahrpreis nach London zurück und gab mir ein zusätzliches Pfund für die Reisekosten, zusammen mit der Zehn-Pfund-Note, die er mir versprochen hatte. Er hatte „Mrs. Horatio Jones" einige Tage zuvor zur Erleichterung beider, wie ich mir vorstellen kann, abtransportiert, und er selbst setzte seine Reise nach Berlin fort. Ich hatte nie erwartet, ihn wiederzusehen, obwohl ich in den nächsten Monaten oft an ihn dachte und sogar versuchte, ihn durch Erkundigungen in der Stadt zu finden. Ich hatte jedoch sehr wenig, worauf ich zurückgreifen konnte, und nachdem ich die Fenchurch Street hinter mir gelassen hatte und mich der Literatur zuwandte, vergaß ich ihn.

Bis ich eines Tages einen Brief erhielt, der an meine Verleger gerichtet war. Es trug den Schweizer Poststempel, und als ich es öffnete und mich der Unterschrift zuwandte, fragte ich mich einen Moment lang, wo ich „Horatio Jones" getroffen hatte. Und dann erinnerte ich mich.

Er lag verletzt und gebrochen in einer Holzfällerhütte an den Hängen der Jungfrau. Hatte einen Narren gespielt, so beschrieb er es, weil er dachte, er könne in seinem Alter Berge besteigen. Sie würden ihn nach Lauterbrunnen tragen, sobald er sicher weitergebracht werden könnte, aber vorerst hatte er niemanden, mit dem er sprechen konnte, außer der

Krankenschwester und einem Schweizer Arzt, die jeden dritten Tag hinaufstiegen, um ihn zu sehen. Er bat mich, wenn ich Zeit hätte, vorbeizukommen und eine Woche mit ihm zu verbringen. Er legte einen 100-Pfund-Scheck für meine Ausgaben bei und entschuldigte sich dafür nicht. Er lobte mein erstes Buch, das er gelesen hatte, und bat mich, ihm meine Antwort zu telegrafieren und mir seinen richtigen Namen zu nennen, der sich, wie ich vermutet hatte, als einer der bekanntesten in der Finanzwelt herausstellte . Meine Zeit gehörte jetzt mir, und ich telegrafierte ihm, dass ich am folgenden Montag bei ihm sein würde.

Er lag in der Sonne vor der Hütte, als ich am späten Nachmittag ankam, nach einem dreistündigen Aufstieg, gefolgt von einem Träger, der mein kleines Gepäck trug. Er konnte seine Hand nicht heben, aber seine seltsam leuchtenden Augen verkündeten ihr Willkommen.

„Ich freue mich, dass Sie kommen konnten", sagte er. „Ich habe keine nahen Verwandten, und meine Freunde – wenn das der richtige Ausdruck ist – sind Geschäftsleute, die sich zu Tode langweilen würden. Außerdem sind sie jetzt nicht die Menschen, mit denen ich das Gefühl habe, mit ihnen reden zu wollen."

Er war völlig mit dem Kommen des Todes versöhnt. Tatsächlich gab es Momente, in denen er mir den Eindruck vermittelte, dass er voller ehrfürchtiger Neugier darauf wartete. In der herkömmlichen Vorstellung, ihn anzufeuern, sprach ich davon, zu bleiben, bis er mit mir in die Zivilisation zurückkehren könne , aber er lachte nur.

„Ich gehe nicht zurück", sagte er. „Nicht so. Was sie anschließend mit diesen gebrochenen Knochen machen werden, interessiert weder Sie noch mich.

„Es ist ein guter Ort zum Sterben", fuhr er fort. „Hier kann ein Mann nachdenken."

Es fiel ihm schwer, Mitleid mit ihm zu empfinden, da sein eigenes Schicksal für ihn scheinbar so wenig einen Unterschied machte. Die Welt war für ihn immer noch voller Interesse – nicht sein besonderer Teil davon: Er hatte, wie er mir zu verstehen gab, aufgeräumt und aus seinem Kopf verbannt. Es war die Zukunft, ihre kommenden Probleme, ihre Möglichkeiten, ihre neuen Entwicklungen, über die er offenbar gerne reden wollte. Mit den Jahren vor ihm hätte man ihn sich als einen jungen Mann vorstellen können.

Eines Abends – es war fast zu Ende – waren wir allein zusammen. Der Holzfäller und seine Frau waren ins Tal gegangen, um ihre Kinder zu sehen, und die Amme hatte ihn meiner Obhut überlassen und war spazieren gegangen. Wir hatten ihn zu seiner Lieblingsseite der Hütte getragen, gegenüber der gewaltigen Jungfrau. Als die Schatten länger wurden, schien es näher an uns heranzukommen, und es herrschte Stille über uns.

Allmählich wurde mir bewusst, dass seine durchdringenden Augen auf mich gerichtet waren, und als Antwort drehte ich mich um und sah ihn an.

„Ich frage mich, ob wir uns wiedersehen werden", sagte er, „oder, was noch wichtiger ist, ob wir uns aneinander erinnern werden."

Ich war im Moment verwirrt. Wir hatten mehr als einmal über die verschiedenen Religionen der Menschheit gesprochen, und seine Haltung gegenüber dem orthodoxen Glauben war immer von amüsierter Verachtung geprägt.

„Es ist mir in den letzten Tagen immer mehr aufgefallen", fuhr er fort. „Es ging mir durch den Kopf, als ich dich zum ersten Mal auf dem Boot sah. Wir waren Kommilitonen. Etwas, ich weiß nicht was, zog uns ganz nah zusammen. Da war eine Frau. Sie verbrannten sie. Und dann war da noch etwas ein Ansturm von Menschen und eine plötzliche Dunkelheit und deine Augen schließen sich meinen.

Ich nehme an, es war eine Form von Hypnose, denn während er sprach und seine forschenden Augen auf meine gerichtet waren, kam mir ein Traum von engen Gassen voller seltsamer Menschenmengen, von bemalten Häusern, wie ich sie noch nie gesehen hatte, und einem unheimlichen Gefühl in den Sinn Angst, die immer hinter jedem Schatten zu lauern schien. Ich schüttelte mich ab, aber nicht ohne Anstrengung.

„Das meinten Sie also", sagte ich, „an jenem Abend in der Goortgasse . Glauben Sie daran?"

„Mir ist etwas Seltsames passiert", sagte er, „als ich ein Kind war. Ich konnte kaum sechs Jahre alt sein. Ich war mit meinen Eltern nach Gent gefahren. Ich glaube, es war, um einen Verwandten zu besuchen. Eines Tages gingen wir." in das Schloss. Damals lag es in Trümmern , wurde aber inzwischen restauriert. Wir befanden uns in dem ehemaligen Ratssaal. Ich schlich mich allein ans andere Ende des großen Raums und berührte ihn, ohne zu wissen, warum ich das tat eine im Mauerwerk verborgene Feder, und eine Tür schwang mit einem rauen, knirschenden Geräusch auf. Ich erinnere mich, dass ich durch die Öffnung spähte. Die anderen drehten mir den Rücken zu, und ich schlüpfte hindurch und schloss die Tür hinter mir. Ich schien es instinktiv zu wissen Ich rannte eine Treppe hinunter und durch dunkle Korridore, durch die ich mich mit meinen Händen tasten musste, bis ich zu einer kleinen Tür in einer Ecke der Wand kam. Ich kannte den Raum, der auf der anderen Seite lag. Jahre später, als der Ort entdeckt wurde, wurde ein Foto davon gemacht und veröffentlicht, und es war genau so, wie ich es kannte, mit seinem Ausgang unter der Stadtmauer durch eines der kleinen Häuser am Außermarkt .

„Ich konnte die Tür nicht öffnen. Einige Steine waren dagegen gefallen, und aus Angst, bestraft zu werden, ging ich zurück in den Ratsraum. Als ich ihn erreichte, war er leer. Sie suchten in den anderen Räumen nach mir und Ich habe ihnen nie von meinem Abenteuer erzählt.

Zu jeder anderen Zeit hätte ich vielleicht gelacht. Später, als ich mich an seinen Vortrag an diesem Abend erinnerte, tat ich die ganze Geschichte als bloßen Vorschlag ab, der auf der Fantasie eines Kindes beruhte; aber damals hatten diese seltsam leuchtenden Augen Besitz von mir ergriffen. Sie blieben immer noch auf mich gerichtet, während ich auf dem niedrigen Geländer der Veranda saß und sein weißes Gesicht beobachtete, in das sich bereits die Farben des Todes einzuschleichen schienen.

Ich hatte das Gefühl, dass er mir durch sie die Erinnerung an sich selbst aufzwingen wollte. Der Mann selbst − seine eigentliche Seele − schien in ihnen konzentriert zu sein. Etwas Formloses und doch Deutliches visualisierte sich vor mir. Für mich war es eine körperliche Erleichterung, als ein Schmerzanfall ihn dazu veranlasste, den Blick von mir abzuwenden.

„Du wirst einen Brief finden, wenn ich weg bin", fuhr er nach einem Moment des Schweigens fort. „Ich dachte, dass Sie möglicherweise zu spät kommen oder dass ich nicht die Kraft habe, es Ihnen zu sagen. Ich hatte das Gefühl, dass Sie von den wenigen Menschen, die ich außerhalb des Geschäfts getroffen habe, die Angelegenheit am ehesten nicht als bloßen Unsinn abtun würden . Ich bin froh über mich selbst und möchte, dass Sie sich daran erinnern, dass ich mit all meinen Fähigkeiten um mich herum sterbe. Das Einzige, wovor ich mich im Leben immer gefürchtet habe, war das Alter mit seinem allmählichen geistigen Verfall. Das hat es schon immer getan Mir kam es vor, als wäre ich mehr oder weniger plötzlich gestorben, während ich noch im Besitz meines Testaments war. Dafür habe ich Gott immer gedankt."

Er schloss die Augen, aber ich glaube nicht, dass er schlief; und wenig später kam die Krankenschwester zurück und wir trugen ihn ins Haus. Ich hatte kein weiteres Gespräch mit ihm, las ihm jedoch auf seinen Wunsch in den folgenden zwei Tagen weiter vor, und am dritten Tag starb er.

Ich fand den Brief, von dem er gesprochen hatte. Er hatte mir gesagt, wo es sein würde. Darin befand sich ein Bündel Geldscheine, das er mir − so schrieb er − mit dem Rat gab, sie so schnell wie möglich loszuwerden.

„Wenn ich dich nicht geliebt hätte", heißt es in dem Brief weiter, „hätte ich dir ein Einkommen hinterlassen und du hättest mich gesegnet, anstatt mich zu verfluchen, wie du es hätte tun sollen, weil ich dein Leben ruiniert habe."

Er betrachtete diese Welt als eine Schule für die Erschaffung von Menschen; und das Einzige, was für einen Mann wesentlich war, war Stärke. Man gewann den Eindruck eines zutiefst religiösen Mannes. Heutzutage hätte man ihn zweifellos als Theosophen bezeichnet; Aber seine Überzeugungen hatte er für sich selbst geschaffen und an sie angepasst – an sein vehementes, siegreiches Temperament. Gott brauchte Männer, die ihm dienten – die ihm halfen. So schenkte Gott den Menschen durch viele Veränderungen und über viele Zeitalter hinweg das Leben, damit sie durch Wettstreit und Kampf immer stärker würden; an diejenigen, die bewiesen haben, dass sie der schwierigeren Aufgabe, den bescheideneren Anfängen und den größeren Hindernissen am besten gewachsen sind. Und die Krone des Wohlergehens war immer der Sieg. Er schien davon überzeugt zu sein, dass er einer der Auserwählten war und dass ihm große Ziele bevorstanden. Er war zur Zeit der Pharaonen ein Sklave gewesen; ein Priester in Babylon; hatte sich bei der Plünderung Roms an die schwankenden Leitern geklammert; hatte sich seinen Weg in die Räte erkämpft, als Europa ein Schlachtfeld konkurrierender Stämme war; war in den Tagen der Borgias an die Macht gekommen.

Ich vermute, dass die meisten von uns in seltsamen Momenten eindringliche Gedanken an seltsam vertraute, weit entfernte Dinge haben; und man fragt sich, ob es Erinnerungen oder Träume sind. Wir lehnen sie ab, wenn wir älter werden, und die Gegenwart mit ihren überwältigenden Interessen schließt sie aus; aber in der Jugend waren sie hartnäckiger. Sie schienen bei ihm geblieben zu sein und in Wirklichkeit gewachsen zu sein. Seine jüngste Existenz, verborgen unter dem weißen Laken in der Hütte hinter mir, während ich las, war nur ein Kapitel der Geschichte; er freute sich auf den nächsten.

Er frage sich, so lautete der Brief, ob er bei der Wahl eine Stimme haben würde. Auf jeden Fall war er neugierig auf das Ergebnis. Was er zuversichtlich erwartete, waren neue Möglichkeiten und umfassendere Erfahrungen. In welcher Form würden diese zu ihm kommen?

Der Brief endete mit einer seltsamen Bitte. Als ich nach England zurückkehrte, sollte ich weiterhin an ihn denken: nicht an den toten Mann, den ich gekannt hatte, den jüdischen Bankier, die Stimme, die mir vertraut war, den Trick der Sprache, des Benehmens – alles solche waren nur die Veränderung Kleidung – sondern von dem Mann selbst, seiner Seele, die versuchen würde, sich mir zu offenbaren und es vielleicht auch schaffen würde.

Ein Nachwort schloss den Brief ab, dem ich damals keine Bedeutung beimaß. Er hatte die Hütte, in der er gestorben war, gekauft. Nach seiner Entfernung sollte es leer bleiben.

Ich faltete den Brief zusammen und legte ihn zwischen andere Papiere, und als ich die Hütte betrat, warf ich einen Abschiedsblick auf das massive, raue Gesicht. Die Maske könnte einem Bildhauer zur Verkörperung von Stärke gedient haben. Er gab einem das Gefühl, dass er schlief, nachdem er den Tod besiegt hatte.

Ich tat, was er von mir verlangt hatte. Tatsächlich konnte ich nicht anders. Ich habe ständig an ihn gedacht. Das mag die Erklärung dafür gewesen sein.

Ich fuhr mit dem Fahrrad durch Norfolk und klopfte eines Nachmittags, um einem aufziehenden Gewitter zu entgehen, an die Tür eines einsamen Häuschens am Rande einer Gemeinde. Die Frau, eine freundliche, geschäftige Person, bat mich herein; und in der Hoffnung, ich würde sie entschuldigen, da sie mit dem Bügeln beschäftigt war, kehrte sie zu ihrer Arbeit in einem anderen Zimmer zurück. Ich glaubte, allein zu sein, und stand am Fenster und beobachtete den strömenden Regen. Nach einer Weile, ohne zu wissen warum, drehte ich mich um. Und dann sah ich ein Kind, das auf einem Hochstuhl hinter einem Tisch in einer dunklen Ecke des Zimmers saß. Davor lag ein aufgeschlagenes Bilderbuch, aber es blickte mich an. Ich konnte das Geräusch der Frau hören, die im Nebenzimmer bügelte. Draußen prasselte der Regen stetig. Das Kind sah mich mit großen, runden Augen voller schrecklichem Pathos an. Mir fiel auf, dass der kleine Körper deformiert war. Es bewegte sich nie; es gab keinen Ton von sich; aber ich hatte das Gefühl, dass aus diesen seltsam wehmütigen Augen etwas zu mir sprechen wollte. Etwas formierte sich vor mir – für mein Auge nicht sichtbar; aber es war da, im Zimmer. Es war der Mann, den ich zuletzt gesehen hatte, als er im Sterben neben mir in der Hütte unterhalb der Jungfrau saß. Aber ihm war etwas zugestoßen. Instinktiv ging ich zu ihm und hob ihn aus seinem Stuhl, und mit einem Schluchzen schlossen sich die kleinen schrumpeligen Arme um meinen Hals und er klammerte sich weinend an mich – ein erbärmlicher, leiser, klagender Schrei.

Als die Frau seinen Schrei hörte, kam sie zurück. Eine hübsche, gesund aussehende Frau. Sie nahm ihn aus meinen Armen und tröstete ihn.

„Er hat manchmal ein bisschen Mitleid mit sich selbst“, erklärte sie. „Zumindest glaube ich das. Weißt du, er kann nicht wie andere Kinder herumlaufen oder irgendetwas tun, ohne Schmerzen zu bekommen.“

„War es ein Unfall?“ Ich fragte.

„Nein“, antwortete sie, „und sein Vater war ein so feiner Mann, wie man ihn auf einem Tagesmarsch finden würde. Nur eine Heimsuchung Gottes, wie man mir sagt. Natürlich weiß ich nicht warum. Es gab nie einen besseren kleinen Jungen . " Und auch klug, wenn er keine Schmerzen hat. Zeichnet wunderbar."

Der Sturm war vorüber. In ihren Armen wurde er immer stiller, und als ich versprochen hatte, noch einmal zu kommen und ihm ein neues Bilderbuch zu bringen, huschte ein kleines dankbares Lächeln über das gezeichnete Gesicht, aber er wollte nicht reden.

Ich blieb mit ihm in Kontakt. Reine Neugier hätte mich dazu gebracht. Mit den Jahren wurde er immer normaler, und nach und nach geriet die Vorstellung, die mir bei unserem ersten Treffen in den Sinn gekommen war, immer mehr in den Hintergrund. Manchmal sprach ich mit ihm in der gleichen Sprache wie im Brief des Verstorbenen und fragte mich, ob vielleicht irgendein Erinnerungsblitz zu ihm zurückkäme, und ein- oder zweimal kam es mir so vor, als ob er in die milden, mitleiderregenden Augen käme ein Blick, den ich schon einmal gesehen hatte, aber er verschwand, und tatsächlich war es schwierig, sich diese traurige kleine menschliche Kuriosität mit ihrer flehenden Hilflosigkeit in Verbindung mit dem starken, schnellen, siegreichen Geist vorzustellen, in dessen Mitte ich hatte sterben sehen die Stille der Berge.

Das Einzige, was ihm Freude bereitete, war seine Kunst. Ich kann mir das nicht verkneifen, aber ohne seine Gesundheit hätte er sich einen Namen gemacht. Seine Arbeit war immer klug und originell, aber es war die Arbeit eines Invaliden.

„Ich werde nie großartig sein", sagte er einmal zu mir. „Ich habe so wundervolle Träume, aber wenn es darum geht, sie auszuleben, gibt es etwas, das mich behindert. Es kommt mir immer so vor, als ob im letzten Moment eine Hand ausgestreckt würde, die mich an den Füßen packt. Ich sehne mich danach, aber." Ich habe nicht die Kraft. Es ist schrecklich, einer der Schwächlinge zu sein."

Es hing an mir, dieses Wort, das er benutzt hatte. Damit ein Mann weiß, dass er schwach ist; Es klingt paradox, aber ein Mann muss stark sein, um das zu wissen. Und als ich darüber nachdachte und über seine Geduld und Sanftmut, kam mir plötzlich die Erinnerung an dieses Nachwort, dessen Bedeutung ich nicht verstanden hatte.

Er war damals ein junger Mann von etwa drei oder vierundzwanzig Jahren. Sein Vater war gestorben und er lebte in ärmlichen Unterkünften im Süden Londons und ernährte sich und seine Mutter durch anstrengende, schlecht bezahlte Arbeit.

„Ich möchte, dass du ein paar Tage Urlaub mit mir machst", sagte ich ihm.

Es fiel mir schwer, ihn dazu zu bringen, meine Hilfe anzunehmen, denn er war auf seine einfühlsame, entschuldigende Art sehr stolz. Aber irgendwann gelang es mir, ihn davon zu überzeugen, dass es gut für seine Arbeit wäre. Körperlich muss ihn die Reise teuer gekostet haben, denn er konnte seinen Körper nie ohne Schmerzen bewegen, aber die wechselnden Landschaften und die seltsamen Städte haben es ihm mehr als belohnt; Und als ich ihn eines Morgens früh weckte und er zum ersten Mal die fernen Berge im Morgengrauen sah, erschien ein neues Licht in seinen Augen.

Am späten Nachmittag erreichten wir die Hütte. Ich hatte es so arrangiert, dass wir alleine dort sein sollten. Unsere Bedürfnisse waren einfach und auf verschiedenen Wanderungen hatte ich gelernt, unabhängig zu sein. Ich erzählte ihm nicht, warum ich ihn dorthin gebracht hatte, abgesehen von der Schönheit und Stille des Ortes. Absichtlich ließ ich ihn dort viel allein und machte immer längere Spaziergänge zu meinem Vorwand, und obwohl er sich immer über meine Rückkehr freute, spürte ich, dass in ihm der Wunsch wuchs, allein dort zu sein.

Eines Abends verirrte ich mich, nachdem ich weiter hinaufgeklettert war, als ich beabsichtigt hatte. In dieser Gegend war es nicht sicher, im Dunkeln neue Wege auszuprobieren, und als ich auf einen verlassenen Unterschlupf stieß, machte ich mir ein Bett im Stroh.

Als ich zurückkam, fand ich ihn vor der Hütte sitzend, und er begrüßte mich, als hätte er mich gerade in diesem Moment und nicht vorher erwartet. Er habe genau geahnt, was passiert sei, erzählte er mir, und sei nicht beunruhigt gewesen. Tagsüber beobachtete ich ihn, wie er mich beobachtete, und abends, als wir an seinem Lieblingsplatz vor der Hütte saßen, drehte er sich zu mir um.

„Glaubst du, dass es wahr ist?" er sagte. „Dass du und ich vor Jahren hier gesessen und geredet haben?"

„Das kann ich nicht sagen", antwortete ich. „Ich weiß nur, dass er hier gestorben ist, falls es so etwas wie den Tod gibt – dass seitdem niemand mehr hier gelebt hat. Ich bezweifle, dass die Tür jemals geöffnet wurde, bis wir kamen."

„Sie haben mich immer begleitet", fuhr er fort, „diese Träume. Aber ich habe sie immer verworfen. Sie kamen mir so lächerlich vor. Immer kamen mir Reichtum, Macht und Sieg entgegen. Das Leben war so einfach."

Er legte seine dünne Hand auf meine. Ein seltsamer neuer Ausdruck erschien in seinen Augen – ein Ausdruck der Hoffnung, fast der Freude.

„Weißt du, wie es mir vorkommt?" er sagte. „Sie werden vielleicht lachen, aber mir ist hier oben der Gedanke gekommen, dass Gott einen guten

Nutzen für mich hat. Der Erfolg hat mich schwach gemacht. Er hat mir Schwäche und Misserfolg gegeben, damit ich Stärke lernen kann. Das Großartige ist, stark zu sein.“ ."

SYLVIA DER BRIEFE.

Der alte Ab Herrick, so nannten ihn die meisten Leute. Nicht, dass er wirklich alt gewesen wäre; Der Begriff war eher ein Ausdruck der Zuneigung als eine Reflexion seiner Jahre. Er wohnte in einem altmodischen Haus – altmodisch also für New York – auf der Südseite der West Twentieth Street: Es war einmal, aber das ist lange her, ein ziemlich schickes Viertel. Das Haus hatte ihm zusammen mit Mrs. Travers eine jungfräuliche Tante hinterlassen. Für einen Junggesellen mit einfachen Gewohnheiten wäre eine „Wohnung" natürlich besser geeignet gewesen, aber aus journalistischer Sicht war die Situation günstig, und Abner Herrick hatte dort fünfzehn Jahre lang gelebt und gearbeitet.

Dann kehrte Abner Herrick eines Abends nach drei Tagen Abwesenheit in die West Twentieth Street zurück und brachte ein kleines Mädchen mit, das in einen Schal gehüllt war, und eine Holzkiste, die mit einem Stück Schnur zusammengebunden war. Er stellte die Kiste auf den Tisch; und die junge Dame löste ihren Schal, ging zum Fenster und setzte sich mit dem Gesicht zum Zimmer hin.

Mrs. Travers nahm die Schachtel vom Tisch, stellte sie auf den Boden – es war eine ziemlich kleine Schachtel – und wartete.

„Diese junge Dame", erklärte Abner Herrick, „ist Miss Ann Kavanagh, Tochter von – einem alten Freund von mir."

"Oh!" sagte Mrs. Travers und blieb immer noch erwartungsvoll.

„Miss Kavanagh", fuhr Abner Herrick fort, „wird bei uns bleiben für …" Er schien sich nicht sicher zu sein, wie lange Miss Kavanaghs Besuch dauern würde. Er ließ den Satz unvollendet und flüchtete sich in dringendere Fragen.

„Was ist mit dem Schlafzimmer im zweiten Stock? Ist es fertig? Bettwäsche gelüftet – so etwas?"

„Das kann sein", antwortete Frau Travers. Der Ton ließ auf ein zurückhaltendes Urteil schließen.

„Ich denke, wenn es Ihnen nichts ausmacht, Mrs. Travers, würden wir gerne so schnell wie möglich ins Bett gehen." Aus Gewohnheit verwendete Abner S. Herrick in seinen Reden in der Regel das Leitartikel „wir". „Wir waren den ganzen Tag unterwegs und sind sehr müde. Morgen früh –"

„Ich hätte gerne etwas zu Abend", sagte Miss Kavanagh von ihrem Platz am Fenster, ohne sich zu bewegen.

„Natürlich", stimmte Miss Kavanaghs Gastgeber zu, mit dem schwachen Vorwand , dass ihm das Thema auf der Zunge lag. Tatsächlich hatte er es wirklich völlig vergessen. „Vielleicht haben wir es hier oben, während das Zimmer hergerichtet wird. Vielleicht ein bisschen …"

„Ein weich gekochtes Ei und ein Glas Milch, bitte, Mrs. Travers", unterbrach Miss Kavanagh, immer noch von ihrem Platz am Fenster aus.

„Ich werde mich darum kümmern", sagte Mrs. Travers und ging hinaus, wobei sie die recht kleine Schachtel mitnahm.

Dies war der Einstieg in diese Geschichte von Ann Kavanagh im Alter von acht Jahren; oder, wie Miss Kavanagh selbst erklärt hätte, wenn ihr die Frage gestellt worden wäre, acht Jahre und sieben Monate, denn Ann Kavanagh war eine präzise junge Dame. Sie war nicht schön – damals nicht. Ihr Gesicht war viel zu scharf; das kleine spitze Kinn ragt gefährlich weit in den Weltraum. Ihre großen dunklen Augen waren ihr einziges erlösendes Merkmal. Aber die ebenen Brauen über ihnen runzelten viel zu bereitwillig die Stirn. Ein blasser Teint und unscheinbares Haar beraubten sie des Charmes der Farbe , auf den sich die Jugend im Allgemeinen verlassen kann, wenn es um Anziehungskraft geht, ganz gleich, welche Formfehler sie haben mag. Es kann auch nicht wahrheitsgetreu gesagt werden, dass ein freundliches Gemüt einen Ausgleich bot.

„Ein eigensinniges, streitsüchtiges kleines Kobold nenne ich sie", war Mrs. Travers' Kommentar nach einer der vielen Kraftproben zwischen ihnen, aus der Miss Kavanagh wie immer siegreich hervorgegangen war.

„Es ist ihr Vater", erklärte Abner Herrick und fühlte sich außerstande, dem zu widersprechen.

„Es ist bedauerlich", antwortete Frau Travers, „was auch immer es ist."

Zu Onkel Ab selbst, wie sie ihn inzwischen nannte, konnte sie gelegentlich nachgiebig und liebevoll sein; aber das war, wie Mrs. Travers ihr zu sagen pflegte, nur eine Kleinigkeit zu ihrem Verdienst.

„Wenn Sie die Instinkte eines gewöhnlichen christlichen Kindes hätten", erklärte ihr Mrs. Travers, „würden Sie vierundzwanzig Stunden am Tag darüber nachdenken, was Sie tun könnten, um ihm all seine liebevolle Güte Ihnen gegenüber zurückzuzahlen; statt das verursacht ihm, wie du weißt, ein Dutzend Kummer in einer Woche. Du bist ein undankbarer kleiner Affe, und wenn er weg ist, wirst du –"

Daraufhin flog Miss Kavanagh, die nicht darauf wartete, mehr zu hören, nach oben, schloss sich in ihrem eigenen Zimmer ein und gab sich dem Heulen und der Reue hin; achtete jedoch darauf, nicht aufzutauchen, bis sie sich wieder schlecht gelaunt fühlte; und in der Lage, sollte sich die

Gelegenheit bieten, den Wettbewerb mit Mrs. Travers ungehindert durch Gefühle zu erneuern.

Aber Mrs. Travers' Worte waren tiefer eingedrungen, als die gute Dame selbst gehofft hatte; und eines Abends, als Abner Herrick an seinem Schreibtisch saß und eine vernichtende Anklage gegen den Präsidenten wegen mangelnder Festigkeit und Entschlossenheit in der Zollfrage verfasste, legte Ann ihre dünnen Arme um seinen Hals und rieb ihr kleines bleiches Gesicht an seiner rechten Hand Whisker, nahm ihn zu diesem Thema zur Rede.

„Du erziehst mich nicht richtig – nicht so, wie du es solltest", erklärte Ann. „Du gibst mir zu viel nach und schimpfst nie mit mir."

„Schimpfe nicht mit dir!" rief Abner mit einer gewissen Wärme der Empörung. „Warum, ich mache alles –"

„Das nenne *ich nicht* schimpfen", fuhr Ann fort. „Das ist sehr unrecht von dir. Ich werde schrecklich aufwachsen, wenn du mir nicht hilfst."

Wie Ann ihm mit großer Deutlichkeit klarmachte, gab es niemanden, der die Aufgabe mit Aussicht auf Erfolg übernehmen konnte. Wenn Abner sie im Stich ließ, dann gab es vermutlich keine Hoffnung für sie: Am Ende würde sie eine böse Frau werden, und alle, auch sie selbst, würden sie hassen. Es war eine traurige Aussicht. Der Gedanke daran trieb Ann Tränen in die Augen.

Er erkannte die Berechtigung ihrer Beschwerde und versprach, ein neues Kapitel aufzuschlagen. Er hatte es ehrlich gesagt vor; aber wie viele andere reuige Sünder fühlte er sich schwach angesichts der Schwierigkeiten, die er mit sich bringen musste. Wäre da nicht ihr sanfter, tiefer Blick unter ihren flachen Brauen gewesen, wäre ihm das vielleicht besser gelungen.

„Du bist deiner Mutter nicht sehr ähnlich", erklärte er ihr eines Tages, „bis auf die Augen. Wenn ich in deine Augen schaue, kann ich deine Mutter fast sehen."

Er rauchte eine Pfeife neben dem Feuer, und Ann, die im Bett hätte liegen sollen, hatte sich auf eine der Armlehnen seines Stuhls gesetzt und trat mit ihren kleinen Absätzen ein Loch in das abgewetzte Leder.

„Sie war sehr schön, meine Mutter, nicht wahr?" schlug Ann vor.

Abner Herrick blies eine Wolke aus seiner Pfeife und beobachtete aufmerksam den sich kräuselnden Rauch.

„In gewisser Weise ja", antwortete er. "Ziemlich schön."

„Was meinst du mit ‚In gewisser Weise'?" forderte Ann mit einiger Schärfe.

„Es war eine spirituelle Schönheit, die deiner Mutter", erklärte Abner. „Die Seele, die aus ihren Augen schaut. Ich glaube nicht, dass man sich ein schöneres Gemüt als das deiner Mutter vorstellen kann. Wann immer ich an deine Mutter denke", fuhr Abner nach einer Pause fort, „dringen mir immer Wordsworths Zeilen in den Sinn."

Er murmelte das Zitat vor sich hin, aber laut genug, dass es von scharfen Ohren gehört werden konnte. Miss Kavanagh war besänftigt.

„Du warst in meine Mutter verliebt, nicht wahr?" sie fragte ihn freundlich.

„Ja, das glaube ich", überlegte Abner, den Blick immer noch auf den sich kräuselnden Rauch gerichtet.

„Was meinst du mit ‚Du glaubst, du wärst'?" schnappte Ann. „Wussten Sie das nicht?"

Der Ton erinnerte ihn an seine Träume.

„Ich war sehr in deine Mutter verliebt", korrigierte er sich und drehte sich lächelnd zu ihr um.

„Warum hast du sie dann nicht geheiratet?" fragte Ann. „Hätte sie dich nicht haben wollen?"

„Ich habe sie nie gefragt", erklärte Abner.

"Warum nicht?" beharrte Ann und wurde wieder rau.

Er dachte einen Moment nach.

„Das würdest du nicht verstehen", sagte er ihr.

„Ja, das würde ich", erwiderte Ann.

„Nein, das würdest du nicht", widersprach er ihr ziemlich knapp. Sie begannen beide, die Geduld miteinander zu verlieren. „Keine Frau könnte das jemals."

„Ich bin keine Frau", erklärte Ann, „und ich bin sehr schlau. Das haben Sie selbst gesagt."

„Nicht so schlau", knurrte Abner. „Außerdem ist es Zeit für dich, ins Bett zu gehen."

Ihre Wut auf ihn war so groß, dass sie absolut höflich war. Es hatte gelegentlich eine Wirkung auf sie. Sie glitt von der Armlehne seines Stuhls und stand neben ihm, eine starre Gestalt erstarrter Weiblichkeit.

„Ich denke, du hast völlig recht, Onkel Herrick. Gute Nacht!" Doch an der Tür konnte sie sich einen Abschiedsschuss nicht verkneifen:

„Du hättest mein Vater sein können, und dann wäre sie vielleicht nicht gestorben. Ich finde, das war sehr böse von dir."

Nachdem sie gegangen war, saß Abner da und starrte ins Feuer, und seine Pfeife ging aus. Schließlich schlich sich ein Lächeln in seine Mundwinkel, aber bevor es sich noch weiter ausbreiten konnte, tat er es mit einem Seufzer ab.

Abner befürchtete für die nächsten ein oder zwei Tage eine Wiederaufnahme des Gesprächs, aber Ann schien es vergessen zu haben; und mit der Zeit verschwand es aus Abners eigener Erinnerung. Bis eines Abends eine ganze Weile später.

Der Morgen hatte ihm seine englische Post gebracht. Es war mit einiger Regelmäßigkeit eingetroffen, und Ann hatte bemerkt, dass Abner es immer vor seiner anderen Korrespondenz öffnete. Einen Brief las er zweimal durch, und Ann, die so tat, als würde sie die Zeitung lesen, hatte das Gefühl, dass er sie ansah.

„Ich habe gedacht, meine Liebe", sagte Abner, „dass es für dich hier ganz allein ziemlich einsam sein muss."

„Das wäre es", antwortete Ann, „wenn ich ganz allein hier wäre."

„Ich meine", sagte Abner, „ohne einen anderen jungen Menschen, mit dem man reden und – und mit dem man spielen kann."

„Du vergisst", sagte Ann, „dass ich fast dreizehn bin."

„Gott segne meine Seele", sagte Abner. „Wie die Zeit vergeht!"

"Wer ist sie?" fragte Ann.

„Es ist kein ‚sie‘", erklärte Abner. „Es ist ein ‚Er‘. Der arme kleine Kerl hat vor zwei Jahren seine Mutter verloren, und jetzt ist sein Vater tot. Ich dachte – mir kam der Gedanke, dass wir ihn vielleicht eine Zeit lang bei uns unterbringen könnten. Kümmere dich ein bisschen um ihn. Was meinst du? Das würde das Haus lebendiger machen , nicht wahr?"

„Vielleicht", sagte Ann.

Sie saß sehr schweigsam da, und Abner, dessen Gewissen ihm zu schaffen machte, beobachtete sie ein wenig besorgt. Nach einer Weile blickte sie auf.

"Wie ist er so?" Sie fragte.

„Genau das frage ich mich auch", gestand Abner. „Wir müssen abwarten und sehen. Aber seine Mutter – seine Mutter", wiederholte Abner, „war die schönste Frau, die ich je gekannt habe. Wenn er auch nur annähernd so ist wie sie als Mädchen –" Er ließ den Satz unvollendet.

„Du hast sie seit – seit ihrer Jugend nicht mehr gesehen?" fragte Ann.

Abner schüttelte den Kopf. „Sie heiratete einen Engländer. Er nahm sie mit nach London."

„Ich mag keine Engländer", sagte Ann.

„Sie haben ihre Anliegen", meinte Abner. „Außerdem kümmern sich Jungs nach ihren Müttern, sagt man." Und Abner stand auf und sammelte seine Briefe ein.

Ann blieb den ganzen Tag über sehr nachdenklich. Als Abner am Abend seine Feder für einen Moment niederlegte, um seine Pfeife wieder anzuzünden, kam Ann zu ihm und setzte sich auf die Ecke des Schreibtisches.

„Ich nehme an", sagte sie, „das ist der Grund, warum du nie geheiratet hast, Mutter?"

Abners Gedanken waren im Moment stark mit dem Panamakanal beschäftigt.

„Welche Mutter?" er hat gefragt. „Wessen Mutter?"

„Meine Mutter", antwortete Ann. „Ich nehme an, Männer sind so."

"Worüber redest du?" sagte Abner und lehnte den Panamakanal gänzlich ab.

„Du hast meine Mutter sehr geliebt", erklärte Ann mit kalter Überlegung. „Sie hat einen immer an Wordsworths perfekte Frau denken lassen."

„Wer hat dir das alles erzählt?" forderte Abner.

"Du machtest."

"Ich tat?"

„Es war der Tag, an dem du mich von Miss Carew weggebracht hast, weil sie sagte, sie könne nicht mit mir klarkommen", informierte Ann ihn.

„Mein Gott! Das muss doch zwei Jahre her sein", überlegte Abner.

„Drei", korrigierte Ann ihn. „Alle bis auf ein paar Tage."

„Ich wünschte, du würdest dein Gedächtnis für Dinge nutzen, an die du dich erinnern willst", knurrte Abner.

„Du hast gesagt, du hättest sie nie gebeten, dich zu heiraten", verfolgte Ann unerbittlich; „Du wolltest mir nicht sagen, warum. Du hast gesagt, ich sollte es nicht verstehen."

„Meine Schuld", murmelte Abner. „Ich habe vergessen, dass du ein Kind bist. Du stellst alle möglichen Fragen, die dir niemals in den Sinn kommen sollten, und ich bin dumm genug, dir zu antworten."

Eine kleine Träne, die unbemerkt entwichen war, lief ihr über die Wange. Er wischte es weg und nahm eine ihrer kleinen Pfoten in beide Hände.

„Ich habe deine Mutter sehr geliebt", sagte er ernst. „Ich hatte sie seit meiner Kindheit geliebt. Aber keine Frau wird jemals verstehen, welche Macht die Schönheit auf einen Mann hat. Sie sehen, wir sind so gebaut. Das ist die Verlockung der Natur. Später hätte ich es natürlich vielleicht vergessen, aber dann es war zu spät. Kannst du mir verzeihen?"

„Aber du liebst sie immer noch", argumentierte Ann unter Tränen, „sonst würdest du nicht wollen, dass er hierher kommt."

„Es fiel ihr so schwer", flehte Abner. „Es hat ihr die Sache leichter gemacht, weil ich ihr mein Wort gegeben habe, dass ich mich immer um den Jungen kümmern würde. Du wirst mir helfen?"

„Ich werde es versuchen", sagte Ann. Aber der Ton war nicht gerade vielversprechend.

Auch Matthew Pole selbst hat bei seiner Ankunft nicht viel getan, um die Sache zu verbessern. Er war so hoffnungslos englisch. Zumindest hat Ann es so ausgedrückt. Er war schüchtern und sensibel. Es ist eine anstrengende Kombination. Es ließ ihn dumm und eingebildet erscheinen. Eine einsame Kindheit hatte ihn ungesellig und unanpassungsfähig gemacht. Ein verträumtes, phantasievolles Temperament zwang ihn zu langen Stimmungen des Schweigens: eine Vorliebe für lange, einsame Spaziergänge. Zum ersten Mal waren sich Ann und Mrs. Travers einig.

„Ein mürrischer junger Hund", kommentierte Mrs. Travers. „Wenn ich dein Onkel wäre , würde ich nach einem Job für ihn in San Francisco Ausschau halten."

„Sehen Sie", sagte Ann entschuldigend, „England ist so ein nebliges Land. Das macht sie so."

„Es ist schade, dass sie da nicht rauskommen", sagte Mrs. Travers.

Außerdem ist sechzehn ein unangenehmes Alter für einen Jungen. Die noch im Puppenstadium befindlichen Tugenden kämpfen darum, den Lastern ihrer Eltern zu entkommen. Stolz, eine hervorragende Eigenschaft, die Mut und Geduld ausmacht, taucht immer noch in den Schwärmen der Arroganz auf. Aufrichtigkeit drückt sich immer noch in der Sprache der Unhöflichkeit aus. Freundlichkeit selbst kann leicht mit erstaunlicher Unverschämtheit und Liebe zur Einmischung verwechselt werden.

Es war Freundlichkeit – ein echter Wunsch, nützlich zu sein –, die ihn dazu veranlasste, Ann auf ihre zweifellosen Fehler und Versäumnisse hinzuweisen, und die ihn zu der Aufgabe motivierte, sie so zu erziehen, wie sie es sein sollte. Mrs. Travers hatte sich längst von der gesamten Angelegenheit befreit. Onkel Ab, wie Matthew ihn auch nannte, hatte sich als Schwächling erwiesen. Die Vorsehung, so schien es Matthew, muss ungeduldig auf seine Ankunft gewartet haben. Ann dachte zuerst, es sei eine neue Schule des Humors . Als sie merkte, dass er es ernst meinte, machte sie sich daran, ihn zu heilen. Aber sie hat es nie getan. Dafür war er zu gewissenhaft. Die Instinkte des Führers, Philosophen und Freundes der Menschheit im Allgemeinen waren in ihm bereits zu stark ausgeprägt. Es gab Zeiten, in denen Abner sich fast wünschte, Matthew Pole senior hätte noch etwas länger gelebt.

Aber er verlor nicht die Hoffnung. Im Hinterkopf hatte er die Vorstellung, dass diese beiden Kinder, die er liebte, zusammenkommen würden. Nichts ist so sentimental wie ein gesunder alter Junggeselle. Er stellte sich vor, wie sie aus seinen Verwirrungen Einheit machten; In meiner Fantasie hörte ich das Klappern winziger Füße auf der Treppe. In jeder Hinsicht wäre er ein Großvater. Er war stolz auf seine Gerissenheit und behielt seinen Traum, wie er dachte, für sich, unterschätzte aber Anns Klugheit.

Tagelang folgte sie Matthew mit ihren Augen, beobachtete ihn hinter ihren langen Wimpern, lauschte schweigend allem, was er sagte, und suchte vergeblich nach Punkten in ihm. Er war sich ihrer großzügigen Absichten nicht bewusst. Er hatte das unbestimmte Gefühl, kritisiert zu werden . Er ärgerte sich schon damals darüber.

„Ich versuche es“, sagte Ann eines Abends plötzlich, weil sie gar nichts wollte. „Niemand wird jemals erfahren, wie sehr ich versuche, ihn nicht abzulehnen.“

Abner blickte auf.

„Manchmal“, fuhr Ann fort, „rede ich mir, dass ich es fast geschafft habe. Und dann wird er gehen und etwas tun, das alles wieder aufleben lässt.“

"Was macht er?" fragte Abner.

„Oh, das kann ich dir nicht sagen ", gestand Ann. „Wenn ich es dir sagen würde, würde es so klingen, als wäre es meine Schuld. Es ist alles so albern. Und dann hält er so viel von sich selbst. Wenn man nur wüsste, warum! Er kann es dir nicht selbst sagen, wenn du ihn fragst."

„Du hast ihn gefragt?" fragte Abner.

„Ich wollte es wissen", erklärte Ann. „Ich dachte, es könnte etwas in ihm sein, das mir gefallen könnte."

„Warum willst du ihn mögen?" fragte Abner und fragte sich, wie viel sie erraten hatte.

„Ich weiß", jammerte Ann. „Du hoffst, dass ich ihn heiraten werde, wenn ich erwachsen bin . Und das will ich nicht. Das ist so undankbar von mir."

„Nun, du bist noch nicht erwachsen", tröstete Abner sie. „Und solange du dich dabei so fühlst, werde ich wahrscheinlich nicht wollen, dass du ihn heiratest."

„Es würde dich so glücklich machen", schluchzte Ann.

„Ja, aber wir müssen an den Jungen denken, vergessen Sie das nicht", lachte Abner. „Vielleicht könnte er Einwände erheben."

„Das würde er. Ich weiß, dass er das tun würde", rief Ann voller Überzeugung. „Er ist nicht besser als ich."

„Hast du ihn darum gebeten?" forderte Abner und sprang von seinem Stuhl auf.

„Mich nicht zu heiraten", erklärte Ann. „Aber ich habe ihm gesagt, dass er ein unnatürliches kleines Biest sein muss, wenn er nicht versucht, mich zu mögen, wenn er weiß, wie sehr du mich liebst."

„Hilfreiche Art, es auszudrücken", knurrte Abner. „Und was hat er dazu gesagt?"

„Ich habe es zugegeben", blitzte Ann empört auf. „Er sagte, er hätte es versucht."

Abner gelang es, sie davon zu überzeugen, dass der Weg zu Würde und Tugend darin liege, das ganze Thema aus ihrem Kopf zu verbannen.

Er hatte einen Fehler gemacht, sagte er sich. Das Alter mag durch Kontraste angezogen werden, aber die Jugend kann das Gegenteil nicht gebrauchen. Er würde Matthew wegschicken. Er könnte am Wochenende zurückkehren. Ständig so nah beieinander, dass sie nur die Flecken und Fehler des anderen sahen; Ohne Perspektive gibt es keine Schönheit.

Matthew wollte, dass die Ecken von ihm abgerieben wurden, das war alles. Wenn er mehr mit Männern verkehrte, würde man seine Arroganz auslachen. Ansonsten war er ein recht anständiger junger Mann mit klarem Geist und hohen Prinzipien. Und clever: Er sagte oft ganz unerwartete Dinge. Mit der Annäherung an die Weiblichkeit vollzogen sich bei Ann Veränderungen. Wenn man sie jeden Tag sah, bemerkte man sie kaum; Aber es gab Zeiten, in denen Abner mit den Augen blinzelte und verwirrt war, wenn er errötet vom Spaziergang vor ihm stand oder sich über ihn beugte, um ihn zu küssen, bevor er zu einem freundlichen Tanz anfing. Die dünnen Arme wurden rund und fest; der fahle Teint erwärmt sich ins Olivgrün; das einst fleckige, mausfarbene Haar verdunkelt sich zu einer satten Braunharmonie. Die Augen unter ihren flachen Brauen, die schon immer ihr Reiz gewesen waren, erinnerten Abner immer noch an ihre Mutter; aber es war mehr Licht in ihnen, mehr Gefahr.

„Ich werde nach Albany laufen und mit Jephson über ihn reden", beschloss Abner. „Er kann samstags nach Hause kommen."

Die Verschwörung hätte gelingen können: Man kann es nie sagen. Doch ein New Yorker Schneesturm machte dem ein Ende. Die Autos hatten eine Panne, und Abner, der in dünnen Schuhen von einer Besprechung nach Hause ging, bekam eine Erkältung, die sich bei Vernachlässigung als tödlich erwies.

Abner war beunruhigt, als er auf seinem Bett lag. Die Kinder saßen ganz still am Fenster. Er schickte Matthew eine Nachricht und winkte dann Ann, zu ihm zu kommen. Er liebte den Jungen auch, aber Ann stand ihm näher.

„Du hast nicht mehr darüber nachgedacht ", flüsterte er, „über …"

„Nein", antwortete Ann. „Du wolltest, dass ich es nicht tue."

„Du darfst niemals auf die Idee kommen", sagte er, „dcine Liebe zu meinem Andenken zu zeigen, indem du etwas tust, das dich nicht glücklich machen würde. Wenn ich irgendwo in der Nähe bin", fuhr er mit einem Lächeln fort, „wird es dir gut tun." Aufpassen, nicht auf meinen eigenen Weg. Du wirst dich daran erinnern?"

Er hatte vorgehabt, mehr für sie zu tun, aber das Ende war viel früher gekommen, als er erwartet hatte. Er hinterließ Ann das Haus (Mrs. Travers hatte sich bereits mit einer kleinen Rente zurückgezogen) und eine Summe, von der die Freundin und Anwältin dachte, dass sie bei kluger Anlage für ihre Bedürfnisse ausreichen würde, selbst wenn sie … Die Freundin und Anwältin hielt inne, um darüber nachzudenken Das ovale Gesicht mit den dunklen Augen ließ den Satz unvollendet.

An Matthew schrieb er einen liebevollen Brief, dem er tausend Dollar beifügte. Er wusste, dass Matthew, der nun in der Lage war, seinen Lebensunterhalt als Journalist zu verdienen, lieber nichts genommen hätte. Es sollte lediglich als Abschiedsgeschenk betrachtet werden. Matthew beschloss, es für Reisen auszugeben. Es würde besser zu ihm für seine journalistische Karriere passen, erklärte er Ann. Aber in seinem Herzen hatte er andere Ambitionen. Es würde ihm ermöglichen, sie auf die Probe zu stellen.

Es kam also ein Abend, an dem Ann mit einem Taschentuch schwenkend dastand, während ein großer Passagierdampfer seine Liegeplätze auswarf. Sie beobachtete es, bis die Lichter schwächer wurden, und kehrte dann zur West Twentieth Street zurück. Fremde würden es morgen in Besitz nehmen. Ann aß ihr Abendessen in der Küche in Gesellschaft der Krankenschwester, die auf ihren Wunsch geblieben war; und in dieser Nacht schlüpfte sie lautlos aus ihrem Zimmer, lag auf dem Boden, ihren Kopf an die Armlehne des Stuhls gelehnt, wo Abner gewöhnlich gesessen und seine Abendpfeife geraucht hatte; irgendwie schien es sie zu trösten. Und Matthew schritt währenddessen unter den Sternen still auf dem Deck des großen Passagierschiffs auf und ab und plante die Zukunft.

Nur einem anderen Wesen hatte er jemals seine Träume anvertraut. Sie lag auf dem Kirchhof; und es gab nichts mehr, was ihn ermutigen konnte, außer seinem eigenen Herzen. Aber er hatte keine Zweifel. Er wäre ein großartiger Schriftsteller. Seine zweihundert Pfund würden ihn tragen, bis er Fuß gefasst hatte. Danach würde er schnell klettern. Er hatte es richtig gemacht, sagte er sich, dem Journalismus den Rücken zu kehren: dem Grab der Literatur. Er würde Männer und Städte sehen, die unterwegs schrieben. Rückblickend konnte er sich Jahre später dazu beglückwünschen, den richtigen Weg gewählt zu haben. Er glaubte, es würde ihn auf einfache Weise zu Ruhm und Reichtum führen. Für ihn war es besser. Es führte ihn durch Armut und Einsamkeit, durch aufgeschobene Hoffnungen und Kummer – durch lange Nächte voller Angst, in denen Stolz und Selbstvertrauen ihn überkamen und ihm nur der Mut zum Durchhalten blieb.

Seine großartigen Gedichte, seine brillanten Essays waren so oft abgelehnt worden, dass sogar er selbst jede Liebe zu ihnen verloren hatte. Auf Anregung eines Herausgebers, der freundlicher war als der Rest, und von der Notwendigkeit dazu gedrängt, hatte er einige kurze, weniger ehrgeizige Stücke geschrieben. In bitterer Enttäuschung begann er damit, denn er betrachtete sie als bloße Kochkessel. Er wollte ihnen seinen Namen nicht nennen. Er signierte sie mit „Aston Rowant". Es war der Name des Dorfes in Oxfordshire , in dem er geboren worden war. Es kam ihm zufällig in den Sinn. Es würde sowohl dem Zweck als auch einem anderen dienen. Je weiter die Arbeit voranschritt, desto mehr wurde ihm klar. Er machte seine Geschichten aus Ereignissen und Menschen, die er gesehen hatte; alltägliche Komödien und Tragödien, mit denen er gelebt hatte, von Dingen, die er gefühlt hatte; und als sich nach ihrem Erscheinen in der Zeitschrift ein Verleger fand, der bereit war, daraus ein Buch zu machen, erwachte in ihm wieder Hoffnung.

Es war nur von kurzer Dauer. Die wenigen Rezensionen, die ihn erreichten, enthielten nichts als Spott. Also hatte er selbst als literarischer Schreiberling keinen Platz!

Er lebte zu dieser Zeit in Paris in einer lauten, übelriechenden Straße, die vom Quai Saint-Michel abging. Er dachte an Chatterton und schlenderte auf den Brücken herum und blickte auf den Fluss hinunter, wo die versunkenen Lichter funkelten.

Und dann erreichte ihn eines Tages ein Brief, den ihm der Herausgeber seines einzigen Buches geschickt hatte. Es war mit „Sylvia“ unterschrieben, sonst nichts, und trug keine Adresse. Matthew nahm den Umschlag. Der Poststempel lautete „London, SE“

Es war ein kindischer Brief. Ein wohlhabendes, wohlgenährtes Genie, das damit vertraut wäre, hätte darüber vielleicht gelächelt. Für Matthew in seiner Verzweiflung brachte es Heilung. Sie hatte das Buch in einem leeren Eisenbahnwaggon gefunden; und hatte es unbeirrt von moralischen Bedenken mit nach Hause genommen. Es war eine Zeit lang vergessen geblieben, bis, als das Ende wirklich gekommen zu sein schien, ihre Hand zufällig darauf gefallen war. Sie stellte sich vor, dass ein netter kleiner wandernder Geist – vielleicht der Geist von jemandem, der gewusst hatte, was es bedeutet, einsam und sehr traurig und fast gebrochen zu sein – die ganze Sache manövriert haben musste. Es war ihr so vorgekommen, als ob in der Dunkelheit eine starke und sanfte Hand auf sie gelegt worden wäre. Sie fühlte sich nicht mehr ohne Freunde. Und so weiter.

Er erinnerte sich, dass das Buch einen Hinweis auf die Zeitschrift enthielt, in der die Skizzen erstmals erschienen waren. Das hätte ihr sicher aufgefallen. Er würde ihr seine Antwort schicken. Er stellte seinen Stuhl an den dünnen Tisch und schrieb die ganze Nacht.

Er musste nicht nachdenken. Es kam zu ihm, und zum ersten Mal seit Anbeginn der Dinge hatte er keine Angst davor, dass es nicht akzeptiert wurde. Es ging hauptsächlich um ihn selbst, und der Rest drehte sich um sie, aber für die meisten, die es zwei Monate später lasen, schien es um sie selbst zu gehen. Der Herausgeber schrieb einen bezaubernden Brief, in dem er ihm dafür dankte; Aber damals machte ihm vor allem die Frage Sorgen, ob „Sylvia“ es gesehen hatte. Er wartete ein paar Wochen gespannt, dann erhielt er ihren zweiten Brief. Es war ein weiblicherer Brief als der erste. Sie hatte die Geschichte verstanden, und ihre Dankesworte vermittelten ihm beinahe die Freude, mit der sie sie gelesen hatte. Seine Freundschaft, gestand sie, würde ihr sehr lieb sein, und noch erfreulicher wäre der Gedanke, dass er sie brauchte, dass sie auch etwas zu geben hatte. Sie würde, wie er es wünschte, ihre wahren Gedanken und Gefühle niederschreiben. Sie würden einander nie kennen lernen, und das würde ihr Mut verleihen. Sie würden Kameraden sein und sich nur im Traumland treffen.

Auf diese Weise begann die skurrile Romanze zwischen Sylvia und Aston Rowant; denn jetzt war es zu spät, den Namen zu ändern – es war ein Name geworden, mit dem man beschwören konnte. Die Geschichten, Gedichte und Essays folgten nun in regelmäßiger Folge. Die mit Spannung erwarteten Briefe erreichten ihn in einem geordneten Zug. Ihr Interesse und ihre Hilfsbereitschaft wuchsen. Sie wurden zu den Briefen einer wunderbar gesunden, aufgeschlossenen und nachdenklichen Frau – einer Frau mit Einsicht und feinem Urteilsvermögen. Ihr Lob war selten genug, um wertvoll zu sein. Oft enthielten sie nur Kritik, gemildert durch Sympathie, aufgelockert durch Humor . Über ihre Sorgen, Sorgen und Ängste schrieb sie immer weniger, und selbst dann nicht, bis sie vorbei waren und sie darüber lachen konnte. Die subtilste Schmeichelei, die sie ihm machte, war die Andeutung, dass er ihr beigebracht hatte, diese Dinge an den richtigen Platz zu bringen. So intim und selbstoffenbar ihre Briefe auch waren, es war merkwürdig, dass er sich daraus nie ein zufriedenstellendes Bild von der Autorin machte.

Eine mutige, freundliche, zärtliche Frau. Eine selbstvergessende, schnell vergebende Frau. Eine vielseitige Frau, die auf Freude und Lachen reagiert: manchmal eine fröhliche Frau. Dennoch keineswegs eine perfekte Frau. Es konnte zu Wutausbrüchen kommen, das spürte man; ziemlich oft gelegentliche Unvernünftigkeit; eine Zunge, die schneiden könnte. Eine süße, ruhige, sehr liebevolle Frau, aber immer noch eine Frau: Es wäre klug, sich daran zu erinnern. Also las er ihr aus ihren Briefen vor. Aber sie selbst, ihre Augen, ihr Haar und ihre Lippen, ihre Stimme, ihr Lachen und ihr Lächeln, ihre Hände und Füße – sie blieben ihm immer verborgen.

Eines Frühlings war er in Alaska, wo er Material für seine Arbeit gesammelt hatte, als er den letzten Brief erhielt , den sie ihm jemals geschrieben hatte. Sie wussten nicht, dass es das letzte Mal sein würde. Sie würde London verlassen, so teilte ihm das Nachwort mit, und segelte am darauffolgenden Samstag nach New York, wo sie künftig zu leben beabsichtigte.

Das Nachwort machte ihm Sorgen. Er konnte lange nicht verstehen, warum es ihn beunruhigte. Plötzlich, in einer Wüste endlosen Schnees, blitzte ihm die Erklärung auf. Sylvia von den Briefen war eine lebende Frau! Sie könnte reisen – mit einer Kiste, vermutete er, vielleicht auch mit zwei oder drei und Paketen. Könnte Tickets nehmen, eine Gangway hinaufgehen, über ein Deck stolpern und sich vielleicht ein wenig seekrank fühlen. All die Jahre, die er mit ihr im Traumland gelebt hatte, war sie, wenn er es nur gewusst hätte, eine Miss-Irgendjemand gewesen, die jeden Morgen mit Haarnadeln im Mund vor einem Spiegel gestanden haben musste. Er hatte nie daran gedacht, dass sie solche Dinge tun würde; es schockierte ihn. Er konnte sich des Gefühls nicht erwehren, dass es unhöflich von ihr war, auf diese plötzliche, unangebrachte Weise zum Leben zu erwachen.

Er kämpfte mit dieser neuen Vorstellung von ihr und hatte ihr fast vergeben, als ihm ein weiterer und noch verblüffenderer Vorschlag in den Sinn kam, der ihn quälte. Wenn sie wirklich lebte , warum sollte er sie nicht sehen, mit ihr sprechen? Solange sie in ihrem verborgenen Tempel in den abgelegenen Winkeln von London, SE, geblieben war, hatten ihre Briefe ihn zufrieden gestellt. Aber jetzt, wo sie umgezogen war, jetzt, wo sie keine Stimme mehr war, sondern eine Frau! Nun, es wäre interessant zu sehen, wie sie war. Er stellte sich die Einleitung vor: „Miss Somebody-or-other, erlauben Sie mir, Sie Mr. Matthew Pole vorzustellen." Sie hätte keine Ahnung, dass er Aston Rowant war. Wenn sie jung, schön und in jeder Hinsicht zufriedenstellend wäre, würde er sich melden. Wie erstaunt, wie erfreut würde sie sein.

Aber wenn nicht! Wenn sie älter wäre, klar? Es ist bekannt, dass die weisesten und witzigsten Frauen einen beginnenden Schnurrbart haben. Ein schöner Geist kann, und manchmal tut er es auch, aus Schutzbrillenaugen schauen. Angenommen, sie hätte Verdauungsstörungen und eine glänzende Nase! Würden ihre Briefe jemals wieder den gleichen Reiz auf ihn haben? Absurd, dass sie es nicht tun sollten. Aber würden sie?

Das Risiko war zu groß. Nachdem er die Angelegenheit lange und sorgfältig überlegt hatte, beschloss er, sie zurück ins Traumland zu schicken.

Aber irgendwie wollte sie nicht ins Land der Träume zurückkehren, sondern beharrte darauf, in New York zu bleiben, eine lebende, atmende Frau.

Doch wie konnte er sie dennoch finden? Er könnte ihr beispielsweise in einem Gedicht seinen Wunsch nach einem Treffen mitteilen. Würde sie dem nachkommen? Und wenn sie es täte, wie würde er sich dann verhalten, wenn die Inspektion für sie ungünstig ausfallen würde ? Konnte er tatsächlich zu ihr sagen: „Danke, dass ich einen Blick auf dich werfen durfte; das ist alles, was ich wollte. Auf Wiedersehen"?

Sie muss, sie sollte im Traumland bleiben. Er würde ihr Nachwort vergessen; wirft ihre Umschläge in Zukunft unbeachtet in den Papierkorb. Nachdem er sie durch diese einfache Willensbekundung in London abgelöst hatte, machte er sich selbst auf den Weg nach New York – auf dem Rückweg nach Europa, wie er sich sagte. Dennoch gab es in New York keinen Grund, nicht eine Weile dort zu verweilen, und sei es nur, um alte Erinnerungen aufzufrischen.

Wenn er Sylvia wirklich hätte finden wollen, hätte er anhand des Datums auf dem Umschlag leicht erkennen können, dass das Schiff „am darauffolgenden Samstag unterwegs war". Die Passagiere waren verpflichtet, ihre vollständigen Namen anzugeben und ihre beabsichtigten Bewegungen nach der Ankunft in Amerika anzugeben. Sylvia war kein gebräuchlicher Vorname. Mit Hilfe eines oder zweier Fünf-Dollar-Scheine –. Die Idee war ihm vorher nicht gekommen. Er vergaß den Gedanken und suchte ein ruhiges Hotel in der Stadt.

New York wurde weniger verändert, als er erwartet hatte. Vor allem die West Twentieth Street sah genauso aus, wie er sie vor zehn Jahren gesehen hatte, als er sich aus dem Fahrerhausfenster gelehnt hatte. Die Wirtschaft hatte es mehr und mehr in Besitz genommen, sein Aussehen aber noch nicht verändert. Als er um die Ecke kam, schlug ihm das Gewissen zu, dass er Ann noch nie geschrieben hatte. Es versteht sich von selbst, dass er es vorgehabt hatte, aber in den ersten Jahren des Kampfes und des Scheiterns hatte ihn sein Stolz zurückgehalten. Sie hatte ihn immer für einen Narren gehalten; er hatte gespürt, dass sie es tat. Er würde warten, bis er ihr vom Erfolg, vom Sieg schreiben konnte. Und dann, als es langsam, fast unmerklich angekommen war –! Er fragte sich, warum er es nie getan hatte. In mancher Hinsicht ein ganz nettes kleines Mädchen. Wenn sie nur weniger eingebildet und weniger eigensinnig gewesen wäre. Außerdem hatte sie Anzeichen gezeigt, dass sie ein ziemlich hübsches Mädchen werden würde. Es gab Zeiten – Er erinnerte sich an einen Abend, bevor die Lampen angezündet wurden. Sie war zusammengerollt in Abners Sessel eingeschlafen, eine kleine Hand auf der Armlehne ruhend. Sie hatte schon immer recht attraktive Hände gehabt – etwas zu dünn. Irgendetwas hatte ihn dazu bewegt, leise herüberzuschleichen, ohne sie zu wecken. Er lächelte bei der Erinnerung.

Und dann ihre Augen, unter den flachen Brauen! Es war überraschend, wie Ann zu ihm zurückkam. Vielleicht könnten sie ihm, den Leuten im Haus, erzählen, was aus ihr geworden war. Wenn sie anständige Leute wären , würden sie ihn eine Weile herumlaufen lassen. Er würde erklären, dass er zu Abner Herricks Zeiten dort gelebt hatte. Der Raum, in dem sie manchmal freundlich miteinander umgegangen waren, während Abner so getan hatte, als würde er lesen, und sie aus dem Augenwinkel beobachtet hatte. Am liebsten würde er dort ein paar Augenblicke alleine sitzen.

Er vergaß, dass er geklingelt hatte. Ein sehr junger Diener hatte die Tür geöffnet und starrte ihn an. Er wäre hereingekommen, wenn die kleine Dienerin sich ihm nicht absichtlich in den Weg gestellt hätte. Es erinnerte ihn an sich selbst.

„Ich bitte um Verzeihung", sagte Matthew, „aber würden Sie mir bitte sagen, wer hier wohnt?"

Der kleine Diener musterte ihn mit wachsendem Misstrauen von oben bis unten.

„Miss Kavanagh lebt hier", sagte sie. "Was willst du?"

Die Überraschung war so groß, dass es ihn sprachlos machte. Im nächsten Moment hätte der kleine Diener die Tür zugeschlagen.

„Fräulein Ann Kavanagh?" erkundigte er sich gerade noch rechtzeitig.

„Das ist ihr Name", gab die kleine Dienerin weniger misstrauisch zu.

„Würden Sie es ihr bitte sagen, Mr. Pole – Mr. Matthew Pole", bat er.

„Ich werde zuerst sehen, ob sie da ist", sagte der kleine Diener und schloss die Tür.

Dadurch hatte Matthew ein paar Minuten Zeit, sich zu erholen, worüber er froh war. Dann öffnete sich die Tür plötzlich wieder.

„Du sollst nach oben kommen", sagte der kleine Diener.

Es klang so nach Ann, dass es ihn sehr beruhigte. Er folgte dem kleinen Diener die Treppe hinauf.

„Mr. Matthew Pole", verkündete sie streng und schloss die Tür hinter ihm.

Ann stand am Fenster und kam ihm entgegen. Vor Abners leerem Stuhl schüttelten sie sich die Hände.

„ Du bist also zum alten Haus zurückgekehrt", sagte Matthew.

„Ja", antwortete sie. „Es ließ nie nach. Die letzten Leute, die es hatten, gaben es zu Weihnachten auf. Es schien das Beste zu sein, selbst aus rein wirtschaftlicher Sicht."

„Was hast du all die Jahre gemacht?" Sie hat ihn gefragt.

„Oh, ich klopfe herum", antwortete er. „Ich verdiene meinen Lebensunterhalt." Zuallererst war er neugierig, was sie von Matthew hielt.

„Es scheint dir zuzustimmen", kommentierte sie mit einem Blick, der ihn im Allgemeinen erfasste, einschließlich seiner Kleidung.

„Ja", antwortete er. „Ich hatte mehr Glück, als ich vielleicht verdient hätte."

„Das freut mich", sagte Ann.

Er lachte. „ Du hast dich also nicht so sehr verändert", sagte er. „Außer im Aussehen.

„Ist das nicht der wichtigste Teil einer Frau?" schlug Ann vor.

„Ja", antwortete er nachdenklich. „Das nehme ich an."

Sie war auf jeden Fall sehr schön.

„Wie lange bleiben Sie in New York?" Sie hat ihn gefragt.

„Oh, nicht mehr lange", erklärte er.

„Lass es nicht noch zehn Jahre warten", sagte sie, „bevor du mir erzählst, was mit dir passiert. Als Kinder kamen wir nicht besonders gut miteinander aus, aber wir dürfen ihn nicht denken lassen, dass wir es nicht sind." Freunde. Es würde ihm weh tun.

Sie sprach ganz ernst, als erwarte sie, dass er jeden Moment die Tür öffnet und sich ihnen anschließt. Unwillkürlich blickte Matthew sich im Raum um. Nichts schien verändert zu sein. Der abgenutzte Teppich, die verblassten Vorhänge, Abners Sessel, seine Pfeife auf der Ecke des Kaminsimses neben der Vase mit den verschütteten Flüssigkeiten.

„Es ist merkwürdig", sagte er, „diese Ader der Fantasie, der Zärtlichkeit in Ihnen zu finden. Ich habe Sie immer für einen so praktischen, unsentimentalen jungen Menschen gehalten."

„Vielleicht kannten wir uns damals nicht besonders gut", antwortete sie.

Der kleine Diener kam mit dem Tee herein.

„Was hast du mit dir selbst gemacht?" fragte er und rückte seinen Stuhl an den Tisch.

Sie wartete, bis sich die kleine Dienerin zurückgezogen hatte.

„Oh, ich klopfe herum", antwortete sie. „Ich verdiene meinen Lebensunterhalt."

„Es scheint dir zugestimmt zu haben", wiederholte er lächelnd.

„Jetzt ist alles in Ordnung", antwortete sie. „Anfangs war es ein bisschen schwierig."

„Ja", stimmte er zu. „Das Leben mildert den Wind nicht für das menschliche Lamm. Aber war das in Ihrem Fall nötig?" er hat gefragt. "Ich dachte-"

„Oh, das hat alles geklappt", erklärte sie. „Außer dem Haus."

„Es tut mir leid", sagte Matthew. „Ich wusste es nicht."

„Oh, wir waren ein paar Schweine", lachte sie und antwortete auf seine Gedanken. „Ich habe manchmal darüber nachgedacht, dir zu schreiben. Die Adresse, die du mir gegeben hast, habe ich behalten. Nicht für irgendeine Hilfe; ich wollte es selbst ausfechten. Aber ich war ein bisschen einsam."

„Warum hast du es nicht getan?" er hat gefragt.

Sie zögerte einen Moment.

„Es ist ziemlich früh, sich zu entscheiden", sagte sie, „aber du scheinst mir verändert zu sein. Deine Stimme klingt so anders. Aber als Junge – nun ja, warst du ein bisschen ein Idiot, nicht wahr? Ich habe mir vorgestellt, dass du mir gute Ratschläge und ausgezeichnete Kurzpredigten schreibst. Und das war es nicht, was ich wollte."

„Ich glaube, ich verstehe", sagte er. „Ich bin froh, dass du durchgekommen bist.

„Was ist deine Linie?" er hat gefragt. "Journalismus?"

„Nein", antwortete sie. „Zu eigensinnig."

Sie eröffnete ein Büro, das schon immer ihr gehört hatte, und überreichte ihm ein Programm . Als eine der Hauptattraktionen wurde darauf „Miss Ann Kavanagh, Alt" angekündigt.

„Ich wusste nicht, dass du eine Stimme hast", sagte Matthew.

„Du hast dich immer darüber beschwert", erinnerte sie ihn.

„Deine sprechende Stimme", korrigierte er sie. „Und es war nicht die Qualität, gegen die ich Einwände hatte. Es war die Quantität."

Sie lachte.

„Ja, wir waren ziemlich damit beschäftigt, uns gegenseitig zu erziehen", gab sie zu.

Sie unterhielten sich noch eine Weile: über Abner und seine freundliche, urige Art; von alten Freunden. Ann hatte den Kontakt zu den meisten von ihnen verloren. Sie hatte in Brüssel Gesang studiert, und danach war ihr Meister nach London gezogen und sie war ihm gefolgt. Sie war erst kürzlich nach New York zurückgekehrt.

Der kleine Diener kam herein, um das Teegeschirr wegzuräumen. Sie sagte, sie dachte, Ann hätte angerufen. Ihr Tonfall deutete an, dass es auf jeden Fall an der Zeit war. Matthew stand auf und Ann streckte ihre Hand aus.

„Ich werde beim Konzert sein", sagte er.

„Erst nächste Woche", erinnerte Ann ihn.

„Oh, ich habe es nicht besonders eilig", sagte Matthew. „Bist du normalerweise nachmittags dran?"

„Manchmal", sagte Ann.

Während er dasaß und sie von seinem Stand aus beobachtete, dachte er, sie sei eine der schönsten Frauen, die er je gesehen hatte. Ihre Stimme war nicht großartig. Sie hatte ihn gewarnt, nicht zu viel zu erwarten.

„Es wird niemals die Themse in Brand setzen", hatte sie gesagt. „Das habe ich zuerst gedacht. Aber so wie es ist, danke ich Gott dafür."

Das hat sich gelohnt. Es war süß und klar und hatte eine zarte Qualität.

Am Ende wartete Matthew auf sie. Sie fühlte sich allen Geschöpfen wohlgesonnen und nahm seinen Vorschlag, ein Abendessen zu geben, mit gnädiger Herablassung an.

Er hatte sie in den vergangenen Tagen ein- oder zweimal besucht. Es war ihr zu verdanken, nachdem er sie lange vernachlässigt hatte, sagte er sich, und er hatte eine Verbesserung bei ihr festgestellt. Aber heute Abend schien es ihr eine unheimliche Freude zu bereiten, ihn sehen zu lassen, dass noch viel von der alten Ann in ihr steckte: ihre offene Selbstgefälligkeit; ihre erstaunliche Eigensinnigkeit ; die Eigensinnigkeit, die Eigensinnigkeit , die Unvernünftigkeit von ihr; die allgemeine Überheblichkeit und Diktatur von ihr; die Widersprüchlichkeit und flache Unverschämtheit von ihr; ihr schnelles Temperament und ihre aufreibende Zunge.

Es war fast so, als würde sie ihn warnen. „Sehen Sie, ich habe mich nicht verändert, außer, wie Sie sagen, im Aussehen. Ich bin immer noch Ann mit all den alten Fehlern und Versäumnissen, die einst das Leben im selben Haus mit mir zu einer ständigen Prüfung für Sie gemacht haben. Gerade jetzt meine Unvollkommenheiten Zauber erscheinen. Du hast auf die Sonne geschaut – auf die Herrlichkeit meines Gesichts, auf das Wunder meiner Arme und Hände. Deine Augen sind geblendet. Aber das wird vorübergehen. Und darunter bin ich immer noch Ann. Nur Ann."

Auf dem Heimweg hatten sie sich im Taxi gestritten . Er vergaß, worum es ging, aber Ann hatte einige ziemlich unhöfliche Dinge gesagt, und da ihr Gesicht in der Dunkelheit nicht da war, um sie zu entschuldigen, hatte es ihn sehr wütend gemacht. Auf den Stufen hatte sie noch einmal gelacht, und sie hatten sich die Hände geschüttelt. Aber auf dem Weg nach Hause durch die stillen Straßen hatte Sylvia ihn am Ellbogen gezupft.

Was für Narren sind doch wir Sterblichen – vor allem Männer! Hier war eine edle Frau – eine ruhige, verständnisvolle, zärtlich liebende Frau; Eine Frau, die so nahe an der Perfektion war, wie es für eine Frau sicher war, dorthin zu gehen! Diese wunderbare Frau erwartete ihn mit ausgestreckten Armen (warum sollte er daran zweifeln?) – und zwar nur, weil es der Natur endlich gelungen war, Anns Haut vorübergehend zum Erfolg zu führen und eine abgerundete Linie über ihrem Schulterblatt zu formen! Es machte ihn ziemlich wütend auf sich. Vor zehn Jahren war sie schlaksig und hatte einen blassen Teint. In zehn Jahren könnte sie an Gelbsucht erkranken und alles verlieren. Passagen aus Sylvias Briefen kehrten zu ihm zurück. Er erinnerte sich an jenen fernen Abend in seiner Pariser Dachkammer, als sie mit ihrem großen Dankesgeschenk an seine Tür geklopft hatte. Erinnerte sich daran, wie ihre weiche Schattenhand seinen Schmerz gestillt hatte. Die nächsten zwei Tage verbrachte er mit Sylvia. Er las alle ihre Briefe noch einmal, durchlebte noch einmal die Szenen und Stimmungen, in denen er ihnen geantwortet hatte.

Ihre Persönlichkeit widersetzte sich immer noch den Bemühungen seiner Vorstellungskraft, aber am Ende überzeugte er sich selbst, dass er sie erkennen würde, wenn er sie sah. Doch als er die Frauen auf der Fifth Avenue aufzählte, zu denen er sich instinktiv hingezogen gefühlt hatte, und feststellte, dass die Zahl bereits elf erreicht hatte, begann er an seiner Intuition zu zweifeln. Am Morgen des dritten Tages traf er Ann zufällig in einem Buchladen. Ihr Rücken war ihm zugewandt. Sie blätterte im neuesten Band von Aston Rowant.

„Was mir an ihm gefällt", sagte die fröhliche junge Dame, die sich um sie kümmerte, „ist, dass er Frauen so gut versteht."

„Was ich an ihm mag", sagte Ann, „ist, dass er nicht vorgibt, es zu tun."

„Da ist was dran", stimmte die fröhliche junge Dame zu. „Sie sagen, er sei hier in New York."

Ann blickte auf.

„ Das wurde mir gesagt", sagte die fröhliche junge Dame.

„Ich frage mich, wie er ist?" sagte Ann.

„Er hat lange Zeit unter einem anderen Namen geschrieben", meldete sich die fröhliche junge Dame. „Er ist ein ziemlich älterer Mann."

Es irritierte Matthew. Er sprach ohne nachzudenken.

„Nein, das ist er nicht", sagte er. „Er ist ziemlich jung."

Die Damen drehten sich um und sahen ihn an.

"Sie kennen ihn?" fragte Ann. Sie war höchst erstaunt und schien ungläubig zu sein. Das irritierte ihn noch mehr.

„Wenn es dich interessiert", sagte er. „Ich werde dich ihm vorstellen."

Ann gab keine Antwort. Er kaufte sich ein Exemplar des Buches und sie gingen zusammen aus. Sie wandten sich dem Park zu.

Ann wirkte nachdenklich. „Was macht er hier in New York?" Sie wunderte sich.

„Ich suche eine Dame namens Sylvia", antwortete Matthew.

Er dachte, es sei an der Zeit, ihr klarzumachen, dass er ein großer und berühmter Mann sei. Dann würde es ihr vielleicht leid tun, dass sie gesagt hatte, was sie im Taxi gesagt hatte. Da er sich entschieden hatte, dass seine Beziehung zu ihr in Zukunft die eines liebevollen Bruders sein würde, würde es nicht schaden, sie auch über Sylvia zu informieren. Das könnte auch gut für sie sein.

Sie gingen zwei Blocks, bevor Ann sprach. Matthew erwartete ein angenehmes Gespräch und verspürte keine Lust, die Sache zu beschleunigen.

„Wie intim bist du mit ihm?" sie verlangte. „Ich glaube nicht, dass er das einem bloßen Bekannten gesagt hätte."

„Ich bin kein bloßer Bekannter", sagte Matthew. „Ich kenne ihn schon lange."

„Du hast es mir nie gesagt ", beschwerte sich Ann.

„Ich wusste nicht, dass es dich interessieren würde", antwortete Matthew.

Er wartete auf weitere Fragen, aber es kamen keine. In der Thirty-fourth Street rettete er sie davor, überfahren und getötet zu werden, und noch einmal in der Forty-second Street. Gleich im Park blieb sie abrupt stehen und streckte ihre Hand aus.

„Sagen Sie ihm " , antwortete sie, „dass ich, wenn er es wirklich ernst meint, Sylvia zu finden, vielleicht – ich sage nicht, dass ich das kann –, ihm aber vielleicht helfen kann."

Er nahm ihre Hand nicht, sondern blieb stocksteif mitten auf dem Weg stehen und starrte sie an.

"Du!" er sagte. "Du kennst sie?"

Sie war auf seine Überraschung vorbereitet. Sie war auch vorbereitet – nicht mit einer Lüge, das deutet auf eine böse Absicht hin. Ihr einziges Ziel bestand darin, mit dem Herrn zu sprechen und zu sehen, wie er war, bevor sie über ihr weiteres Vorgehen entschied – sagen wir mal, mit einer plausiblen Geschichte.

„Wir sind mit demselben Boot hingefahren", sagte sie. „Wir haben festgestellt, dass es zwischen uns eine Menge Gemeinsamkeiten gibt. Sie – sie hat mir Dinge erzählt." Als man darüber nachdachte, war es fast die Wahrheit.

"Wie ist sie?" forderte Matthew.

„Oh, nur – na ja, nicht ganz –" Es war eine unangenehme Frage. Zu ihrer Erleichterung kam der Gedanke, dass es für sie wirklich nicht nötig war, darauf zu antworten.

„Was hat das mit dir zu tun?" Sie sagte.

„Ich bin Aston Rowant", sagte Matthew.

Der Central Park fiel zusammen mit dem Universum im Allgemeinen ab und verschwand. Irgendwo aus dem Chaos erklang eine klagende Stimme: „Wie ist sie? Kannst du es mir nicht sagen? Ist sie jung oder alt?"

Es schien schon seit Ewigkeiten so zu sein. Sie unternahm eine gigantische Anstrengung und ließ den Central Park wieder erscheinen, undeutlich, schwach, aber er war wieder da. Sie saß auf einem Sitz. Matthew – Aston Rowant, was auch immer es war – saß neben ihr.

„Du hast sie gesehen? Wie ist sie?"

„Das kann ich dir nicht sagen."

Er war offensichtlich sehr böse auf sie. Es schien so unfreundlich von ihm zu sein.

„Warum kannst du es mir nicht sagen – oder warum willst du es mir nicht sagen? Meinst du, sie ist zu schrecklich für Worte?"

„Nein, ganz sicher nicht – tatsächlich –"

"Also was?"

Sie hatte das Gefühl, sie müsse weg, sonst gäbe es irgendwo Hysterie. Sie sprang auf und begann schnell auf das Tor zuzugehen. Er folgte ihr.

„Ich werde dir schreiben“, sagte Ann.

"Aber warum-?"

„Das kann ich nicht“, sagte Ann. „Ich habe eine Probe.“

Ein Auto fuhr vorbei. Sie rannte darauf zu und kletterte weiter. Bevor er sich entscheiden konnte, hatte es an Geschwindigkeit gewonnen.

Ann öffnete sich mit ihrem Schlüssel. Sie rief dem kleinen Diener unten zu, dass sie um nichts gestört werden dürfe. Sie schloss die Tür ab.

So war es Matthew, dem sie sechs Jahre lang ihre innersten Gedanken und Gefühle mitgeteilt hatte! Es war Matthew, dem sie ihre zärtlichsten und heiligsten Träume offenbart hatte! Sechs Jahre lang saß sie zu Matthews Füßen und blickte mit respektvoller Bewunderung und ehrfürchtiger Hingabe auf! Sie erinnerte sich fast Passage für Passage an ihre Briefe, bis sie ihre Hände vors Gesicht halten musste, um es abzukühlen. Ihre Empörung, man könnte fast sagen Wut, hielt bis zur Teezeit an.

Am Abend – es war die Abendzeit, in der sie ihm immer geschrieben hatte – setzte sich eine vernünftigere Stimmung durch. Schließlich war es kaum seine Schuld. Er konnte nicht wissen, wer sie war. Er wusste es jetzt nicht. Sie hatte schreiben wollen. Ohne Zweifel hatte er ihr geholfen, ihre Einsamkeit getröstet; hatte ihr eine bezaubernde Freundschaft, eine entzückende Kameradschaft geschenkt. Viele seiner Werke waren für sie, für sie, geschrieben worden. Es war gute Arbeit. Sie war stolz auf ihren Anteil daran gewesen. Selbst wenn man zugab, dass es Fehler gab – Gereiztheit, Jähzorn, Hang zur Rechthaberei! – steckte hinter all dem ein Mann. Der tapfere Kampf, die überwundenen Schwierigkeiten, das lange Leiden, der große Mut – all das hatte sie, als sie zwischen den Zeilen las, von seinem Lebenskampf erahnt! Ja, es war ein Mann, den sie angebetet hatte. Dafür muss sich eine Frau nicht schämen. Als Matthew war er ihr eingebildet und eingebildet vorgekommen. Als Aston Rowant wunderte sie sich über seine Bescheidenheit, seine Geduld.

Und all die Jahre hatte er von ihr geträumt; war ihr nach New York gefolgt; hatte-

Plötzlich kam eine Stimmung auf, die so lächerlich, so absurd unvernünftig war, dass Ann selbst innehielt und darüber lachte. Doch es war real und es tat weh. Er war nach New York gekommen und hatte an Sylvia gedacht und sich nach Sylvia gesehnt. Er war mit einem Wunsch nach New

York gekommen: Sylvia zu finden. Und die erste hübsche Frau, die ihm über den Weg lief, hatte Sylvia aus seinem Kopf verbannt. Davon konnte keine Rede sein. Als Ann Kavanagh ihm vor zwei Wochen in diesem Raum die Hand entgegenstreckte, stand er geblendet und gefangen vor ihr. Von diesem Moment an war Sylvia beiseite geworfen und vergessen worden. Ann Kavanagh hätte mit ihm machen können, was sie wollte. Sie hatte sich am Abend des Konzerts mit ihm gestritten . Sie hatte vorgehabt, sich mit ihm zu streiten.

Und dann hatte er sich zum ersten Mal an Sylvia erinnert. Das war ihre Belohnung – Sylvias: Es war Sylvia, an die sie dachte – für sechs Jahre hingebungsvoller Freundschaft; für die Hilfe, die Inspiration, die sie ihm gegeben hatte.

Als Sylvia litt sie unter einer sehr echten und erklärbaren Welle empörter Eifersucht. Als Ann gab sie zu, dass er es nicht hätte tun sollen, hatte aber das Gefühl, dass es dafür eine Entschuldigung gäbe. Zwischen den beiden befürchtete sie, dass ihr Verstand irgendwann nachgeben würde. Am Morgen des zweiten Tages schickte sie Matthew eine Nachricht mit der Bitte, ihn am Nachmittag anzurufen. Sylvia könnte da sein, vielleicht auch nicht. Sie würde es ihr gegenüber erwähnen.

Sie kleidete sich in ein schlichtes, dunkles Kleid . Es schien unverbindlich und dem Anlass angemessen. Es war zufällig auch die Farbe , die am besten zu ihr passte. Sie wollte nicht, dass die Lampen angezündet wurden.

Matthew erschien in einem dunklen Serge-Anzug und einer blauen Krawatte, so dass der Gesamteindruck ruhig war. Ann begrüßte ihn freundlich und richtete sein Gesicht auf das wenige Licht, das es gab. Sie wählte für sich den Fensterplatz. Sylvia war nicht angekommen. Sie könnte etwas zu spät kommen – wenn sie überhaupt käme.

Sie redeten eine Weile über das Wetter. Matthew war der Meinung, dass es etwas regnen würde. Ann, die in einer ihrer widersprüchlichen Stimmungen war, glaubte, es sei Frost in der Luft.

"Was hast du ihr gesagt?" er hat gefragt.

„Sylvia? Oh, was hast du mir erzählt ", antwortete Ann. „Dass du nach New York gekommen bist, um – nach ihr zu suchen."

"Was hat Sie gesagt?" er hat gefragt.

„Ich sagte, du hättest dir Zeit gelassen", erwiderte Ann .

Matthew blickte mit verletzter Miene auf.

„Es war ihre eigene Idee, dass wir uns nie treffen sollten", erklärte er.

"Äh!" Ann grunzte.

„Was glaubst du selbst, wie sie sein wird?" Sie fuhr fort. „Haben Sie sich eine Vorstellung davon gemacht?"

„Es ist merkwürdig", antwortete er. „Bis jetzt ist es mir noch nie gelungen, mir ein Bild von ihr zu machen."

„Warum ‚gerade jetzt'?" forderte Ann.

„Ich hatte die Idee, dass ich sie hier finden sollte, als ich die Tür öffnete", antwortete er. „Du standest im Schatten. Es schien genau das zu sein, was ich erwartet hatte."

„Du wärst zufrieden gewesen?" Sie fragte.

„Ja", sagte er.

Für einen Moment herrschte Stille.

„Onkel Ab hat einen Fehler gemacht", fuhr er fort. „Er hätte mich wegschicken sollen. Lass mich ab und zu nach Hause kommen."

du mich vielleicht besser gemocht hättest, wenn du weniger von mir gesehen hättest?"

„Ganz richtig", gab er zu. „Wir sehen nie die Dinge, die immer da sind."

„Ein dünnes, schlaksiges Mädchen mit einem schlechten Teint", schlug sie vor. „Hätte es von Nutzen gewesen?"

„Du musst mit diesen Augen schon immer wunderbar gewesen sein", antwortete er. „Und deine Hände waren schon damals wunderschön."

„Als Kind habe ich manchmal geweint, wenn ich mich im Spiegel betrachtet habe", gestand sie. „Meine Hände waren das Einzige, was mich tröstete."

„Ich habe sie einmal geküsst", sagte er ihr. „Du hast zusammengerollt in Onkel Ab's Stuhl geschlafen."

„Ich habe nicht geschlafen", sagte Ann.

Sie saß mit einem Fuß unter ihr. Sie sah kein bisschen erwachsen aus.

„Du hast mich immer für einen Idioten gehalten", sagte er.

„Früher hat es mich so wütend auf dich gemacht", sagte Ann, „dass es schien, als hättest du keine Chance, keinen Ehrgeiz in dir. Ich wollte, dass du aufwachst – etwas tust. Wenn ich gewusst hätte, dass du ein aufstrebendes Genie bist –"

„Ich habe es dir angedeutet“, sagte er.

„Oh, natürlich war alles meine Schuld“, sagte Ann.

Er stand auf. „Glaubst du, sie will kommen?“ er hat gefragt. Auch Ann war aufgestanden.

„Ist sie so wunderbar?“ Sie fragte.

„Vielleicht übertreibe ich mir selbst“, antwortete er. „Aber ich bin mir nicht sicher, ob ich meine Arbeit ohne sie fortsetzen könnte – nicht jetzt.“

„Du hast sie vergessen“, blitzte Ann auf, „bis wir uns zufällig im Taxi gestritten haben.“

„Das tue ich oft“, gestand er. „Bis etwas schief geht. Dann kommt sie zu mir. Wie an jenem ersten Abend vor sechs Jahren. Denn seitdem lebe ich mehr oder weniger bei ihr“, fügte er lächelnd hinzu.

„Im Traumland“, korrigierte Ann.

„Ja, aber in meinem Fall“, antwortete er, „ verbringe ich den größten Teil meines Lebens im Traumland.“

„Und wenn du nicht im Traumland bist?“ sie verlangte. „Wenn du einfach nur gereizt, aufbrausend und schlecht gelaunt bist, Matthew Pole. Was wird sie dann mit dir machen?“

„Sie wird sich mit mir abfinden“, sagte Matthew.

„ Nein , das wird sie nicht“, sagte Ann. „Sie wird dir den Kopf abreißen. Den größten Teil des ‚Ertragens‘ wirst du selbst tragen müssen.“

Er versuchte, zwischen sie und das Fenster zu gelangen, aber sie hielt ihr Gesicht dicht an der Scheibe.

„Du machst mich mit Sylvia müde“, sagte sie. „Es ist an der Zeit, dass du wirklich weißt, wie sie ist. Sie ist einfach die gewöhnliche, aufbrausende, unangenehme, unvernünftige Frau, wenn sie nicht ihren Willen durchsetzt. Nur noch mehr.“

Mit roher Gewalt zog er sie vom Fenster weg.

„ Du bist also Sylvia“, sagte er.

„Ich dachte, das würde dir in den Sinn kommen“, sagte Ann.

Es war überhaupt nicht die Art und Weise, wie sie es ihm beibringen wollte. Sie hatte gemeint, dass sich das Gespräch hauptsächlich um Sylvia drehen sollte. Sie hatte eine hohe Meinung von Sylvia, eine viel höhere Meinung als von Ann Kavanagh. Wenn er sich ihrer – Sylvias – würdig erwies, würde sie mit dem skurrilen Lächeln, das sie für Sylvia hielt, ganz einfach sagen: „Nun, was hast du ihr zu sagen?"

Programm gestört hatte, war Ann Kavanagh. Offenbar hatte Ann Kavanagh Matthew Pole weniger gemocht, als sie gedacht hatte. Nachdem er davongesegelt war, hatte die kleine Ann Kavanagh dies entdeckt. Wenn er nur ein bisschen mehr Interesse und ein bisschen mehr Wertschätzung für Ann Kavanagh gezeigt hätte! Er konnte auf eine herablassende Art freundlich und rücksichtsvoll sein. Selbst das hätte keine Rolle gespielt, wenn es eine Rechtfertigung für seine Überlegenheit gegeben hätte.

Ann Kavanagh, die bei dieser Gelegenheit hätte in den Hintergrund treten sollen, hatte darauf bestanden, sich an die Spitze zu setzen. Es war ihr so ähnlich.

„Nun", sagte sie, „was wirst du ihr sagen?" Sie hat es schließlich geschafft.

„Ich wollte", sagte Matthew, „mit ihr über Kunst und Literatur sprechen und vielleicht auch ein paar andere Themen ansprechen. Außerdem hätte ich vielleicht vorschlagen können, dass wir uns ein- oder zweimal wiedersehen, nur um uns besser kennenzulernen." Und dann ging ich weg.

„Warum weggehen?" fragte Ann.

„Um zu sehen, ob ich dich vergessen könnte."

Sie drehte sich zu ihm um. Das schwindende Licht war voll auf ihr Gesicht.

„Ich glaube nicht, dass du das schon wieder könntest", sagte sie.

„Nein", stimmte er zu. „Ich fürchte, ich konnte es nicht."

„Du bist sicher, dass es sonst niemanden gibt", sagte Ann, „in den du verliebt bist. Nur wir zwei?"

„Nur ihr zwei", sagte er.

Sie stand mit der Hand auf dem leeren Stuhl des alten Abner. „Du musst dich entscheiden", sagte sie. Sie zitterte. Ihre Stimme klang nur ein wenig hart.

Er kam und stellte sich neben sie. „Ich will Ann", sagte er.

Sie reichte ihm die Hand.

„Ich bin so froh, dass du Ann gesagt hast", lachte sie.

DIE FAWN-HANDSCHUHE.

Immer erinnerte er sich an sie, als er sie zum ersten Mal sah: das kleine spirituelle Gesicht, die kleinen braunen Schuhe, die nach unten zeigten, deren Zehen gerade den Boden berührten; die kleinen rehbraunen Handschuhe gefaltet auf ihrem Schoß. Er war sich nicht bewusst, dass er ihr besondere Aufmerksamkeit geschenkt hatte: eine schlicht gekleidete, kindlich aussehende Gestalt, allein auf einem Sitz zwischen ihm und der untergehenden Sonne. Selbst wenn er neugierig gewesen wäre, hätte seine Schüchternheit ihn daran gehindert, absichtlich das Risiko einzugehen, ihr in die Augen zu sehen. Doch kaum war er an ihr vorbei, sah er sie ganz deutlich wieder: das blasse ovale Gesicht, die braunen Schuhe und dazwischen die übereinander gefalteten kleinen rehbraunen Handschuhe. Auf dem gesamten Broad Walk und über Primrose Hill sah er ihre Silhouette vor der untergehenden Sonne. Zumindest so viel von ihr: das wehmütige Gesicht und die gepflegten braunen Schuhe und die kleinen gefalteten Hände; bis die Sonne hinter den hohen Schornsteinen der Brauerei hinter Swiss Cottage unterging und dann verblasste.

Am nächsten Abend war sie wieder dort, genau an der gleichen Stelle. Normalerweise ging er zu Fuß über die Hampstead Road nach Hause. Nur gelegentlich, wenn ihn die Schönheit des Abends verlockte, nahm er den längeren Weg über die Regent Street und durch den Park . Aber so oft machte es ihn traurig, der stille Park zwang ihn dazu, das Gefühl seiner eigenen Einsamkeit zu spüren.

Er würde nur bis zur Großen Vase hinuntergehen, also vereinbarte er es mit sich selbst. Wenn sie nicht da wäre – das wäre unwahrscheinlich –, würde er wieder in die Albany Street einbiegen. Die Zeitungsläden mit ihrer Auslage der billigeren illustrierten Zeitungen, die Second-Hand-Möbelhändler mit ihren verblassten Gravuren und alten Drucken würden ihm etwas zum Anschauen bieten, um seine Gedanken von sich selbst abzulenken. Doch als er sie in der Ferne sah, wurde ihm fast in dem Moment, in dem er das Tor betreten hatte, klar, wie enttäuscht er gewesen wäre, wenn der Platz vor dem roten Tulpenbett frei gewesen wäre. Etwas von ihr entfernt hielt er inne und drehte sich um, um die Blumen zu betrachten. Er glaubte, dass er, während er auf seine Gelegenheit wartete, vielleicht unbemerkt einen Blick auf sie werfen könnte. Einmal tat er das für einen Moment, aber als er es ein zweites Mal wagte, trafen sich ihre Blicke, oder er bildete sich ein, sie täten es, und vor Wut errötend eilte er vorbei. Aber wieder kam sie mit ihm, oder vielmehr, sie ging ihm voraus. Auf jedem freien Platz zwischen ihm und der untergehenden Sonne sah er sie ganz deutlich: das blasse ovale Gesicht und die braunen Schuhe und dazwischen die übereinander gefalteten rehbraunen Handschuhe.

Nur an diesem Abend schien um den kleinen, empfindlichen Mund nur die leiseste Andeutung eines schüchternen Lächelns zu schwebten. Und dieses Mal blieb sie mit ihm am Queen's Crescent und der Malden Road vorbei, bis er in die Carlton Street einbog. Im Flur war es dunkel, und er musste sich die Treppe hinauftasten, aber mit der Hand an der Tür des Wohn-/Schlafzimmers im dritten Stock hatte er weniger Angst vor der Einsamkeit, die auf ihn zukommen würde.

Den ganzen Tag über dachte er im schäbigen Hinterbüro in der Abingdon Street in Westminster, wo er jeden Tag von zehn bis sechs saß und Schriftsätze und Petitionen kopierte, darüber nach, was er ihr sagen würde; taktvolle Anfänge, durch die er mit ihr ins Gespräch kam. Oben am Portland Place probte er sie für sich. Aber am Cambridge Gate, als die kleinen rehbraunen Handschuhe in Sicht kamen, liefen die Worte weg, um sich ihm vielleicht am Tor zur Chester Road wieder anzuschließen, und ließen ihn inzwischen mit steifen, eiligen Schritten und direkt nach vorne gerichtetem Blick an ihr vorbei von ihm. Und so hätte es auch weitergehen können, aber eines Abends saß sie nicht mehr an ihrem gewohnten Platz. Eine Schar lärmender Kinder schwärmte darüber, und plötzlich kam es ihm vor, als wären die Bäume und Blumen alle eintönig geworden. Ein Schrecken nagte an seinem Herzen, und er eilte weiter, mehr aus Bewegungsbedürfnis als wegen eines bestimmten Ziels. Und direkt hinter einem Geranienbeet, das ihm die Sicht versperrt hatte, saß sie auf einem Stuhl, blieb mit einem Ruck direkt vor ihr stehen und sagte ziemlich wütend:

"Oh, da bist du!"

Das entsprach nicht im Geringsten der Rede, mit der er sich vorstellen wollte, erfüllte aber seinen Zweck genauso gut – vielleicht sogar besser.

Sie nahm ihm weder seine Worte noch den Ton übel.

„Es waren die Kinder", erklärte sie. „Sie wollten spielen; also dachte ich, ich würde etwas weiterkommen."

Daraufhin nahm er wie selbstverständlich den Stuhl neben ihr ein, und es kam keinem von ihnen in den Sinn, dass sie einander nicht seit dem Anfang gekannt hatten, als Gott zwischen St. John's Wood und Albany Street einen Garten angelegt hatte.

Jeden Abend verweilten sie dort und lauschten dem flehenden, leidenschaftlichen Ton der Amsel, dem Ruf der Drossel nach Freude und Hoffnung. Er liebte ihre sanfte Art. Von den kühnen Herausforderungen bis hin zu den schlauen, einladenden Blicken, die ihn auf der Straße oder an einem Nachbartisch in dem billigen Speisesaal erblickten, war er immer verwirrt und unbeholfen zurückgeschreckt. Ihre Schüchternheit gab ihm Selbstvertrauen. Sie war es, die halb Angst hatte, deren Augen unter seinem

Blick verschwanden, die bei seiner Berührung zitterte und ihm die Freuden männlicher Herrschaft und zärtlicher Autorität verschaffte. Er war es, der auf der aristokratischen Abgeschiedenheit bestand, die der Privatstuhl bot; der mit der sorglosen Gleichgültigkeit eines Mannes, dem Pennys egal sind, für beide bezahlen würde. Als er auf dem Weg durch den Piccadilly Circus war, blieb er am Brunnen stehen, um einen Blick auf einen großen Korb mit Maiglöckchen zu werfen, und plötzlich kam ihm der Gedanke, wie seltsam ihre kleinen, hellen Blütenblätter auf sie hindeuteten.

„Hier bist du, Schatz. Ihre Lieblingsblume !" rief das Mädchen grinsend und hielt ihm einen Strauß hin.

"Wie viel?" hatte er gefragt und vergeblich versucht zu verhindern, dass ihm das Blut ins Gesicht schoss.

Das Mädchen hielt einen Moment inne, ein grobes , freundliches Wesen.

„Sixpence", verlangte sie; und er kaufte sie. Sie hatte ihn um einen Schilling bitten wollen und wusste, dass er ihn bezahlt hätte. „Das Gleiche wie ein dummer Idiot!" rief sie sich selbst, während sie das Geld einsteckte.

Er reichte sie ihr mit einer feinen, herrschaftlichen Miene und beobachtete sie, während sie sie an ihre Bluse steckte, und ein Eichhörnchen, das mitten auf dem Weg stehen blieb, beobachtete sie ebenfalls mit schiefgelegtem Kopf und fragte sich, was das für einen Nutzen hätte Sie sollte sie mit größter Sorgfalt aufbewahren. Sie dankte ihm nicht mit Worten, aber als sie ihr Gesicht ihm zuwandte, standen Tränen in ihren Augen, und einer der kleinen Rehkitzhandschuhe stahl sich hervor und suchte nach seiner Hand. Er nahm es in beide Hände und hätte es festgehalten, aber sie zog es fast hastig zurück.

Sie gefielen ihm, ihre Handschuhe, obwohl sie alt und vielfach ausgebessert waren; und er war froh, dass sie kindisch waren. Wären sie aus Baumwolle gewesen, wie sie die Mädchen ihrer Klasse normalerweise trugen, hätte ihm der Gedanke, seine Lippen darauf zu drücken, die Zähne zusammengedrückt. Er liebte die kleinen braunen Schuhe, die im Neuzustand teuer gewesen sein mussten, denn sie behielten immer noch ihre Form. Und die Fransen des zierlichen Unterrocks, immer so makellos und ohne einen Riss, und die sauberen, schlichten Strümpfe, die unter dem eng anliegenden Kleid hervorschauten. Wie oft waren ihm Mädchen aufgefallen, auffällig und extravagant gekleidet, aber mit roten, bloßen Händen und schlampigen Schuhen. Hübsche Mädchen, einige von ihnen, attraktiv genug, wenn man nicht so wählerisch wäre, für die die kleinen Accessoires fast wichtiger sind als das Ganze.

Er liebte ihre Stimme, die sich so sehr von den schrillen Tönen unterschied, die hin und wieder, wenn ein lachendes und redendes Paar an ihnen vorbeikam, fast wie ein Schlag auf ihn fielen; Ihre schnellen, anmutigen Bewegungen, die ihm immer wieder die Vision von Hügel und Bach in Erinnerung riefen. In ihren kleinen braunen Schuhen und Handschuhen und dem Kleid, das ebenfalls einen Braunton, wenn auch dunkler, hatte, erinnerte sie ihn seltsamerweise an ein Rehkitz. Der sanfte Blick, die schnellen, sanften Bewegungen, die stattgefunden haben, bevor sie gesehen werden; Die eindringliche Andeutung der Angst wurde nie ganz überwunden, als ob die kleinen nervösen Gliedmaßen immer zu einem plötzlichen Flug bereit wären. Eines Tages nannte er sie so. Keiner von ihnen hatte jemals daran gedacht, einander nach dem Namen zu fragen; es schien egal zu sein.

„Mein kleines braunes Rehkitz", hatte er geflüstert, „ich erwarte immer, dass du plötzlich deine kleinen Fersen in den Boden gräbst und wegspringst"; und sie hatte gelacht und war ein wenig näher an ihn herangetreten. Und selbst das war nur die Bewegung eines Rehkitzes. Er hatte sie schon als Kind gekannt, als er ihnen auf den Hügeln nahegekrochen war.

Sie stellten fest, dass es zwischen ihnen viele Gemeinsamkeiten gab. Obwohl er einige entfernte Verwandte im Norden für sich beanspruchen konnte, waren sie beide praktisch allein auf der Welt. Für sie bedeutete Heimat auch ein Wohn-/Schlafzimmer – „dort drüben", wie sie mit einer Bewegung des kleinen rehbraunen Handschuhs andeutete, der den nordwestlichen Bezirk im Allgemeinen umarmte; und er drängte sie nicht auf eine genauere Adresse.

Es fiel ihm leicht, es sich vorzustellen: die schäbige, muffig riechende Straße irgendwo in der Nachbarschaft von Lisson Grove oder weiter in Richtung Harrow Road. Immer zog er es vor, sich irgendwann im Äußeren Kreis von ihr zu verabschieden, mit seiner friedlichen Aussicht auf schöne Bäume und stattliche Häuser, und dabei zuzusehen, wie ihre kleine rehkitzartige Gestalt in der Dämmerung verschwand.

Sie hatte noch nie eine Freundin oder Verwandte gekannt, außer der blassen, mädchenhaft aussehenden Mutter, die kurz nach ihrer Ankunft in London gestorben war. Die ältere Vermieterin hatte ihr erlaubt, bei der Hausarbeit zu helfen; Und als auch diese letzte Zuflucht ihr nicht mehr gereichte, hatten sich wohlmeinende Leute dafür interessiert und ihr eine Anstellung gesichert. Es war leicht und ziemlich gut bezahlt, aber es gab Einwände dagegen, wie er erschloss, mehr aus ihrem zögernden Schweigen als aus dem, was sie sagte. Sie hatte eine Zeit lang versucht, etwas anderes zu finden, aber ohne Hilfe oder Ressourcen war es so schwierig. Es gab eigentlich nichts, woran man sich beschweren könnte, außer ... Und dann hielt sie inne und faltete plötzlich ihre behandschuhten Hände, und als er den besorgten Ausdruck in ihren Augen sah, hatte er das Gespräch geändert.

Es hat nichts ausgemacht; er würde sie davon abbringen. Der Gedanke, diesem kleinen, zerbrechlichen Geschöpf, dessen Schwäche ihm Kraft verlieh, einen schützenden Arm zu legen, war für ihn sehr süß. Er würde nicht immer Angestellter in einem Büro sein. Er wollte Gedichte, Bücher und Theaterstücke schreiben. Er hatte schon ein wenig verdient. Er erzählte ihr von seinen Hoffnungen und ihr großes Vertrauen in ihn gab ihm neuen Mut. Als er eines Abends einen Platz fand, an dem nur wenige Leute vorbeikamen, las er ihr vor. Und sie hatte es verstanden. Ganz unbewusst lachte sie an den richtigen Stellen, und als seine eigene Stimme zitterte und es ihm wegen des Kloßes in seiner Kehle schwerfiel, weiterzumachen, sah er sie anschauen und sah, dass Tränen in ihren Augen waren. Es war das erste Mal, dass er Mitgefühl empfand.

Und so wuchs der Frühling zum Sommer. Und dann geschah eines Abends etwas Großartiges. Er konnte zunächst nicht erkennen, was es mit ihr auf sich hatte: ein kleiner zusätzlicher Duft, der sich seltsam bemerkbar machte, während sie selbst sich einer gesteigerten Würde bewusst zu sein schien. Erst als er zum Abschied ihre Hand nahm, entdeckte er es. Irgendetwas an ihrem Gefühl war anders, und als er auf die kleine Hand hinunterblickte, die in seiner lag, fand er den Grund dafür. Sie hatte ein Paar neue Handschuhe an. Sie hatten immer noch die gleiche rehbraune Farbe , waren aber so glatt und weich und kühl. Sie saßen eng anliegend, ohne Falten zu bilden, und zeigten die Feinheit und Anmut der Hände darunter. Die Dämmerung war fast verblasst, und bis auf den breiten Rücken eines verschwindenden Polizisten hatten sie den Äußeren Kreis für sich allein; und als ihn der plötzliche Impuls überkam, ließ er sich auf ein Knie fallen, wie es in Theaterstücken und Märchenbüchern und manchmal anderswo üblich ist, und drückte die kleinen rehbraunen Handschuhe in einem langen, leidenschaftlichen Kuss an seine Lippen. Das Geräusch näherkommender Schritte ließ ihn hastig aufstehen. Sie rührte sich nicht, aber ihr ganzer Körper zitterte und in ihren Augen lag ein Ausdruck, der fast von Angst zeugte. Die sich nähernden Schritte kamen näher, aber eine Straßenbiegung verdeckte sie noch immer. Schnell und schweigend legte sie ihre Arme um seinen Hals und küsste ihn. Es war ein seltsamer, kalter Kuss, aber fast heftig, und dann drehte sie sich wortlos um und ging weg; und er beobachtete sie bis zur Ecke des Hanover Gate, aber sie blickte nicht zurück.

Es war fast so, als hätte dieser Kuss eine Barriere zwischen ihnen errichtet. Am nächsten Abend kam sie ihm wie immer mit einem Lächeln entgegen, aber in ihren Augen lag immer noch der seltsame Anflug von Angst; und als er, neben ihr sitzend, seine Hand auf ihre legte, schien es ihm, als würde sie vor ihm zurückschrecken. Es war eine unbewusste Bewegung.

Es brachte ihn zu dieser eindringlichen Erinnerung an Hügel und Bäche zurück, als ein Rehkitz mit sanften Augen, von seinen Artgenossen abgelenkt, ihn ganz nahe an sie herankommen ließ und dann, als er seine Hand ausstreckte, um sie zu streicheln, damit begann eine schnelle, zitternde Bewegung.

„Tragen Sie immer Handschuhe?" fragte er sie etwas später eines Abends.

„Ja", antwortete sie leise; „Wenn ich draußen bin."

„Aber das ist nicht im Freien", hatte er gefleht. „Wir sind in den Garten gekommen. Willst du sie nicht ausziehen?"

Sie hatte ihn unter hochgezogenen Brauen angeschaut, als wollte sie ihn verstehen. Sie antwortete ihm damals nicht. Aber auf dem Weg nach draußen hatte sie sich auf den letzten Platz in der Nähe des Tors gesetzt und ihm bedeutet, sich neben sie zu setzen. Leise knöpfte sie die rehbraunen Handschuhe auf; zog jedes einzelne ab und legte es beiseite. Und dann sah er zum ersten Mal ihre Hände.

Hätte er sie angesehen und gesehen, wie die schwache Hoffnung erlosch, die stumme Qual in den ruhigen Augen, die ihn beobachteten, hätte er versucht, den Ekel, die körperliche Abneigung zu verbergen, die sich so deutlich in seinem Gesicht zeigte, in der unwillkürlichen Bewegung, mit der er sie beobachtete er zog sich von ihr zurück. Sie waren klein und wohlgeformt mit abgerundeten Kurven, aber roh und verbrannt wie von heißen Eisen, mit einem Wachstum roter, zornig gefärbter Warzen , und die Nägel waren alle abgenutzt.

„Ich hätte sie dir schon früher zeigen sollen", sagte sie einfach, während sie die Handschuhe wieder anzog. „Das war albern von mir. Ich hätte es wissen müssen."

Er versuchte sie zu trösten, aber seine Worte waren bedeutungslos und stockend.

„Es war die Arbeit", erklärte sie im Weitergehen. Mit der Zeit wurden deine Hände so. Wenn sie nur früher rausgekommen wäre! Aber jetzt! Es war sinnlos, sich jetzt darüber Gedanken zu machen.

Sie trennten sich in der Nähe des Hanover Gates, aber heute Nacht stand er nicht da und beobachtete sie, wie er es immer getan hatte, bis sie ihm kurz vor ihrem Verschwinden ein letztes Mal zum Abschied zuwinkte; Ob sie sich also umdrehte oder nicht, wusste er nie.

Er ging ihr am nächsten Abend nicht entgegen. Ein Dutzend Mal führten ihn seine Schritte unbewusst fast bis zum Tor. Dann eilte er wieder davon, ging durch die schlechten Straßen und drängte sich dumm gegen die Passanten. Das blasse, süße Gesicht, die kleine nymphenartige Gestalt, die kleinen braunen Schuhe riefen ihn immer wieder an. Wenn nur der Schrecken dieser Hände vergehen würde! Der ganze Künstler in ihm schauderte bei der Erinnerung daran. Er hatte sich immer vorgestellt, dass sie unter den gepflegten, glatten Handschuhen zu ihrem ganzen Rest passten, und von der Zeit geträumt, in der er sie in seinen eigenen Händen halten, sie streicheln und küssen würde. Wäre es möglich, sie zu vergessen, sich mit ihnen zu versöhnen? Er musste nachdenken — musste weg von diesen überfüllten Straßen, wo ihn Gesichter anzugrinsen schienen. Er erinnerte sich, dass das Parlament gerade erst aufgestanden war und dass die Arbeit im Büro stagnierte. Er würde darum bitten, dass er jetzt, am nächsten Tag, seinen Urlaub nehmen möge. Und sie hatten zugestimmt.

Er packte ein paar Sachen in einen Rucksack. Bei den Stimmen der Hügel und Bäche würde er Rat finden.

Er zählte seine Wanderungen nicht. Eines Abends traf er in einem einsamen Gasthaus einen jungen Arzt. Die Frau des Gastwirts erwartete, dass sie in dieser Nacht ein Kind zur Welt bringen würde, und der Arzt wartete unten, bis er gerufen wurde. Während sie redeten, kam ihm die Idee. Warum hatte er nicht daran gedacht? Er überwand seine Schüchternheit und stellte seine Fragen. Welche Arbeit würde solche Verletzungen verursachen? Er beschrieb sie, als er sie im Schatten des schwach erleuchteten Zimmers vor sich sah, diese armen, erbärmlichen kleinen Hände.

Oh! Ein Dutzend Dinge könnten dafür verantwortlich sein — die Stimme des Arztes klang gefühllos — der Umgang mit Flachs, unter bestimmten Bedingungen sogar mit Leinen. Heutzutage sind Chemikalien in allen möglichen Prozessen und Zubereitungen weit verbreitet. All diese neue Fotografie, billiger Farbdruck , Färben und Reinigen, Metallarbeiten. Könnte alles durch die Bereitstellung von Gummihandschuhen vermieden werden. Es sollte zur Pflicht gemacht werden. Der Arzt schien geneigt zu sein, weiterzumachen. Er unterbrach ihn.

Aber könnte es geheilt werden? Gab es Hoffnung?

Geheilt? Hoffnung? Natürlich könnte es geheilt werden. Es war nur lokal — die Wirkung, die auf die Hände beschränkt war, bewies das. Ein vergifteter Zustand der Haut, der durch allgemeine Blutarmut verschlimmert wird. Bring sie davon weg; Lassen Sie sie viel frische Luft und eine sorgfältige Ernährung, indem Sie die eine oder andere einfache Salbe verwenden, die jeder Einheimische, der sie sieht, verschreiben würde. und in drei oder vier Monaten würden sie sich erholen.

Er konnte kaum bleiben, um dem jungen Arzt zu danken. Er wollte alleine davonkommen, schreien, mit den Armen wedeln, springen. Wäre es möglich gewesen, wäre er noch in dieser Nacht zurückgekehrt. Er verfluchte sich für die Fantasie, die ihn daran gehindert hatte, nach ihrer Adresse zu fragen. Er hätte ein Telegramm schicken können. Er stand im Morgengrauen auf, denn er hatte nicht versucht zu schlafen, ging die zehn Meilen bis zum nächsten Bahnhof und wartete auf den Zug. Den ganzen Tag schien es mit ihm durch das endlose Land zu kriechen. Doch endlich kam London.

Es war noch Nachmittag, aber er hatte keine Lust, in sein Zimmer zu gehen. Er ließ seinen Rucksack am Bahnhof und machte sich auf den Weg nach Westminster. Er wollte, dass alles unverändert bliebe, damit es zwischen diesem Abend und ihrem Abschied so aussehe, als wäre nur ein hässlicher Traum vergangen; und als er sich Zeit nahm, erreichte er den Park genau zur gewohnten Stunde.

Er wartete, bis die Tore geschlossen waren, aber sie kam nicht. Den ganzen Tag hatte er diese Angst im Hinterkopf gehabt, aber er hatte sie verdrängt. Sie war krank, hatte nur Kopfschmerzen oder war einfach nur müde.

Und am nächsten Abend sagte er sich dasselbe. Er wagte es nicht, etwas anderes vor sich hin zu flüstern. Und jeden Abend aufs Neue. Er erinnerte sich nie daran, wie viele. Eine Zeit lang saß er da und beobachtete den Weg, den sie immer genommen hatte; und wenn die Stunde schon lange vorüber war, stand er auf und ging zum Tor, schaute nach Osten und Westen und kehrte dann zurück. Eines Abends stoppte er einen der Parkwächter und befragte ihn. Ja, der Mann erinnerte sich ganz gut an sie: die junge Dame mit den rehbraunen Handschuhen. Sie war ein- oder zweimal gekommen – vielleicht auch öfter, der Parkwächter konnte sich nicht sicher sein – und hatte gewartet. Nein, es gab nichts, was darauf hindeutete, dass sie in irgendeiner Weise verärgert war. Sie hatte nur eine Weile da gesessen, ab und zu ein Stück gelaufen und dann wieder zurückgekommen, bis zur Feierstunde, und dann war sie gegangen. Er hinterließ seine Adresse beim Parkwächter. Der Mann versprach, ihn zu benachrichtigen, falls er sie jemals wieder dort sehen würde.

Manchmal spukte er statt im Park durch die ärmlichen Straßen rund um Lisson Grove und weit über die andere Seite der Edgware Road hinaus und schritt dort auf und ab, bis die Nacht hereinbrach. Aber er hat sie nie gefunden.

Während er gegen die Gitterstäbe seiner Armut kämpfte, fragte er sich, ob Geld ihm geholfen hätte. Aber die düstere, endlose Stadt, die ihre Millionen Geheimnisse verbirgt, schien diesen Gedanken zu verspotten. Ein paar Pfund, die er zusammengekratzt hatte, gab er für Werbung aus; aber er erwartete keine Antwort, und es kam auch keine. Es war unwahrscheinlich, dass sie sie sehen würde.

Und so wurden ihm nach einiger Zeit der Park und sogar die Straßen darum herum verhasst; und er zog in einen anderen Teil Londons, in der Hoffnung, es zu vergessen. Aber es gelang ihm nie ganz. Immer wenn er nicht nachdachte, kam es ihm wieder in den Sinn: der breite, ruhige Weg mit seinen prächtigen Bäumen und den bunten Blumenbeeten. Und immer sah er sie dort sitzen, eingerahmt vom schwindenden Licht. Zumindest so viel von ihr: das kleine spirituelle Gesicht und die braunen Schuhe, die nach unten zeigten, und dazwischen die kleinen rehbraunen Handschuhe, die sie gefaltet auf ihrem Schoß trug.